리터러시와 시민성교육

이 저서는 2019년도 교육부와 한국연구재단의 지원을 받아 수행된 연구(NRF-2019H1G1A1071300)임.

리터러시와 시민성교육

초판 1쇄 발행 2022년 5월 9일

지은이 이경한, 서현석, 탁병주, 최은아, 신기철, 정영식

펴낸이 김선기

펴낸곳 (주)푸른길

출판등록 1996년 4월 12일 제16-1292호

주소 (08377) 서울시 구로구 디지털로 33길 48 대륭포스트타워 7차 1008호

전화 02-523-2907, 6942-9570~2

팩스 02-523-2951

이메일 purungilbook@naver.com

홈페이지 www.purungil.co.kr

ISBN 978-89-6291-960-8 93370

이경한
서현석
탁병주
최은아
신기철
정영식
지음

리터러시와
시민성교육

푸른길

차 례

오늘날 리터러시는 새롭게 중요성을 인정받고 있는 역량이다. 현대사회에서 디지털 자료, 통계 자료, 상징 자료, 영상 자료, 사이버 자료 등 텍스트가 다양해지면서 리터러시의 범주가 확장되고 있다. 그 결과 리터러시는 읽고 쓰는 능력의 범주를 넘어섰다. 리터러시는 텍스트에 대한 이해를 기초로 하여 텍스트의 정확성이나 진정성 등의 분석, 평가, 판단 능력으로 확장되었으며, 더 나아가 생성, 소통, 참여와 실천 역량으로까지 그 범주를 넓혀 가고 있다. 특히 시민사회에서는 텍스트에 대한 앎을 바탕으로 하여 텍스트를 포함한 삶의 문제에 참여하고 문제 해결에 적극적으로 임하는 역량을 요청하고 있다. 시민으로서 디지털 미디어 등의 다양한 텍스트를 비판하고 이를 바탕으로 사회의 쟁점, 사건과 문제에 적극적인 참여를 강조한다는 점에서 시민성과 리터러시는 밀접한 관련이 있다. 이와 같이 리터러시는 앎과 실천의 합치를 강조한다는 점에서 시민사회의 중요한 역량으로 인정받고 있다. 그래서 리터러시는 시민이 시민으로서 살아가는 데, 그리고 시민사회를 건설하는 데 필요한 역량이다.

이 책에서는 리터러시 시민성을 비판적 리터러시 시민성, 세계 시민 양성을 위한 리터러시 교육, 통계 리터러시, 음악적 리터러시, 피지컬 리터러시와 디지털 리터러시 교육을 중심으로 논의한다.

1장은 리터러시와 시민성을 다루고 있다. 리터러시가 고차사고력으로서 비판적 사고력과 밀접한 관련이 있음을 살펴보고, 미디어 리터러시와 디지털 리터러시를 중심으로 리터러시와 시민성의 관련성을 제시하고자 한다. 또한 리터러시와 시민성의 정합으로서 비판적 리터러시 시민성의 의미와 그 방향성을 살펴보고 있다.

2장은 미래 사회의 세계 시민 양성을 위한 리터러시 교육의 방향을 다루고 있다. 먼저 미래교육에서 리터러시가 주목받는 이유를 알아보고, 리터러시와 세계 시민성의 개념과 관련하여 리터러시 개념의 진화, 세계 시민(성)의 개념과 교육적 시사점 그리고 세계 시민 양성을 위한 리터러시 교육의 전망을 살펴보고 있다. 마지막으로 세계 시민 양성을 위한 리터러시 교육의 전망에서는 리터러시 교육의 중핵으로서 사고력 함양과 문화적 리터러시로서 가족 문식성의 중요성을 다루고 있다.

3장은 통계 리터러시와 데이터 시대의 시민교육을 다루고 있다. 먼저 통계 리터러시의 배경 및 기초기능과 교육목표로서의 통계 리터러시에 대하여 살펴보고 있다. 그리고 통계 리터러시 함양을 위한 시민교육을 통계적 문제해결 교육과 통계 윤리 교육을 중심으로 살펴보고 있으며, 통계 리터러시 함양을 위한 노력에 관하여 제시하고 있다.

4장은 음악적 리터러시의 시민교육적 함의를 다루고 있다. 먼저 음악적 리터러시의 의미를 알아보고, 음악교육에서 음악적 리터러시 교육의 필요성, 음악과의 핵심역량으로서 음악적 리터러시와 이를 위한 교수 설계 방법을 살펴보고 있다. 그리고 음악적 리터러시에 담긴 시민교육적 가치를 예술적 시민성을 중심으로 설명한 후, 예술적 리터러시를 갖춘 시민의 특징과 그 가치에 대해서도 제시하고 있다. 이 글은 최은아(2021)을 수정·보완하였음을 밝혀 둔다.

5장은 피지컬 리터러시와 시민교육을 다루고 있다. 먼저 리터러시 시대에 체육교육의 새로운 의제로 등장한 피지컬 리터러시를 등장 배경, 의미와 그 구체적인 사례를 중심으로 살펴보고 있다. 그리고 피지컬 리터러시와 시민교육의 관련성을 전인적 수양, 스포츠의 문화성, 행복한 삶의 여정의 관점에서 설명하고, 미래 사회에서 피지컬 리터러시의 중요성도 제시하고 있다.

6장은 디지털 리터러시 교육의 방향을 다루고 있다. 먼저 디지털 리터러시의 필요성을 살펴보고 있으며, 디지털 리터러시의 개념과 특징을 디지털 리터러시의 구성 요소와 확장 개념을 중심으로 살펴보고 있다. 그리고 디지털 리터러시 교육 방향에 대하여 인공지능 사고 기반의 디지털 리터러시 교육, 디지털 리터러시 교육을 위한 시수 확보와 제대로 쓰게 하는 디지털 리터러시 교육을 중심으로 제시하고 있다.

이 책은 교육부와 한국연구재단의 지원을 받아 예비교사의 시민교육

역량을 강화하기 위한 전주교육대학교 시민교육역량강화사업단의 사업 일환으로 출판되었다. 이 책이 리터러시 시민성 역량을 강화하는 데 도움이 되길 바란다. 그리고 본서를 편집하고 제작해 준 푸른길 출판사 관계자들께 감사드린다.

2022년 4월
저자를 대표하여
이경한

1장

리터러시와 시민성: 비판적 리터러시 시민성

이경한

전주교육대학교 사회교육과 교수

1. 서론

리터러시(literacy)는 현대사회에서 새롭게 요청되고 있는 시민적 역량이다. 리터러시는 전통적으로 셈하는 능력인 뉴머러시(numeracy)와 함께 인간의 기본 역량으로 인정받아 오고 있다. 리터러시는 일반적으로 읽고 쓰는 능력을 의미한다. 텍스트의 읽기와 글쓰기는 인간이 살아가는 데 있어서 필수적인 역량이다. 리터러시는 문맹(illiteracy)의 반대말로서 사용되고 있다. 그래서 문맹의 퇴치는 곧 리터러시로 대치되기도 하고, 인간의 해방을 가져오는 출발점 행위로도 인정되어 왔다.

최근 리터러시는 텍스트를 읽고 글을 쓰는 능력 이상을 요구하고 있다. 그것은 현대사회의 텍스트의 다양성에 기인하고 있다. 텍스트는 문자를 중심으로 한 언어 매체에서 그림, 지도, 그래프, 디지털 자료, 통계 데이터, 영상, 사이버 공간 등으로 다양화되고 있다. 자연스럽게 우리는 다양한 텍스트에 대한 이해 능력을 요청받고 있다. 그래서 우리는 다양화된 텍스트의 이해뿐만 아니라 이의 정확성이나 진실성까지도 분석, 평가, 판단하는 능력을 요청받고 있다. 더 나아가 리터러시는 다양한 텍스트의 이해, 분석, 평가, 판단 능력과 함께 이의 실천으로 그 영역이 확장하고 있다. 특히 시민사회에서는 앎과 실천의 합치를 강조하고 있어서, 리터러시는 다양한 텍스트를 알고 동시에 이를 일상의 삶 속에 적용하는 능력을 동시에 요청받고 있다.

본 장에서는 우리 시대에 요청하는 리터러시의 의미를 고차적 사고력과 관련하여 살펴보고, 리터러시와 시민성의 변주를 미디어 리터러시, 디지털 리터러시와 시민교육을 중심으로 살펴보고자 한다. 그리고 리터러시와 시민성의 정합으로서 비판적 리터러시 시민성을 살펴봄으로써 시민사회의 지향점을 제시해 보고자 한다.

2. 리터러시, 고차사고력과 비판적 사고력

오늘날 리터러시는 단순히 읽고 쓰는 능력을 넘어서고 있다. 리터러시는 언어 사용 능력을 키우는 것이 목표이긴 하지만 계몽적인 성격을 갖고 있어 대상이나 사물에 대한 의미 구축 개념으로 쓰인다(양병현, 2009, 27). 그리고 리터러시는 "학생이 어떤 대상이나 현상을 접할 때 그 이치를 깨닫고 그것에 대한 의미를 구축하는 나름의 이해 방식이며 평가와 판단 행위"(양병현, 27)로 그 개념 정의를 확장하고 있다. 이처럼 리터러시 개념의 정의가 읽고 쓰는 언어 사용 능력에서 현상의 의미 파악과 함께 이의 평가와 판단 행위로 확장되고 있는 것은 현대사회가 매우 복잡해지고 있음을 반영하는 것이다.

우리 사회는 정보화 사회로 진입한 지 오래고, 글로벌 사회, 문화다양성 사회, 디지털 사회, 비대면 사회, 양극화 사회 등 용어로 정의될 만큼 다양해지고 복잡해지고 있다. 복잡하고 다양한 사회는 당연히 불확실성을 동반한다. 불확실성은 실패의 가능성을 동반하고 생존하는 데 어려움을 안겨 주기도 한다. 하지만 사회의 모습이 어떤 양태로 변화하든지 간에 우리는 이런 복잡하고 불확실한 사회에 주체적으로 적응하고 그 사회에서 효능감을 가지고 살아가길 요청받고 있다.

이처럼 복잡하고 다양한 현대사회에서 우리가 주체적이며 생산적인 존재자로서 살아가기 위해서는 읽고 쓰는 능력인 전통적인 리터러시를 넘어서 고차사고력(higher level thinking)을 요구하고 있다. 고차사고력은 수동적이고 반응적인 태도와는 달리 질문, 설명, 조직, 해석과 같이 학습자의 주도적이고 능동적인 참여를 필수로 하며, 문제해결력, 창조적 사고력, 비판적 사고력, 의사결정력 등을 포함한다(차경수, 모경환, 2008, 269). 복잡하고 불확실한 현대사회에서 주체적 행위자인 시민으로 살아가는 데 있어서 고차사고력은 매우 중요한 역량이다. 고차사고력은 언어 사용 능력을 넘어서 현상의 평가와 판단 능력까지 요구하고 있는 리터러시의 역량을 실천하고 확장하는 데 큰 기여를 할 수 있다.

고차사고력은 울레버와 스콧(Woolever, Scott, 1988, 318)이 제시한 5가지 유형, 즉 탐구력(inquiry), 의사결정력(decision-making), 창조적 사고력(creative thinking), 비판적 사고력(critical thinking)과 메타인지(meta cognition)로 대별해 볼 수 있다. 먼저, 탐구력은 고차사고력의 기본적 능력으로서 문제를 발견하여 가설을 설정하고 관련 자료를 수집하고 자료를 분석하고, 분석한 결과를 토대로 결론을 도출하는 능력이다. 존 듀이는 탐구력을 근거를 토대로 주장하는 반성적 사고(reflective thinking)로 표현하였다. 의사결정력은 선택 가능한 대안들 중에서 자신의 기준을 바탕으로 어느 하나를 선택하는 능력이다. 복잡한 현대사회에서 합리적인 의사결정을 수행할 수 있는 시민의 양성을 목표로 하고 있다. 창조적 사고력은 새로운 방법이나 독창적인 방식으로 문제를 해결하거나 대안을 창출하는 능력이다. 여기서는 독창성과 적절성을 중시하고 있다. 다음으로 비판적 사고력은 어떤 현상이나 사건의 진위, 정확성, 진정성 여부 등을 평가하고 판단하는 능력이다. 시민사회에서는 시민이 주체적으로 살아가기 위해서 현상과 사건의 참과 거짓, 옳고 그름 등을 구분하고 판단하는 비판적 사고력이 요청된다. 특히 미디어에서 다루어지고 있는 수많은 가짜 뉴스 등을 분석하고 평가하는 데 매우 필요한 능력이다. 마지막으로 메타인지는 어떤 일의 과정과 결과에 대한 전체적인 검토와 반성을 하는 능력이다. 이는 과정과 결과의 오류 여부를 주로 검토하는 능력이어서 현대시민사회에서 시민으로서 행한 결정과 그 과정을 검토할 수 있도록 한다. 이런 메타인지는 오류의 반복을 줄이고 진일보할 수 있는 토대를 마련해 줄 수 있다.

리터러시를 읽고 쓰는 능력이라는 협의의 관점을 넘어서서, 텍스트 읽기와 쓰기의 정확성과 일관성, 정보에 입각한 의사결정 및 창의적인 사고의 기초로서 텍스트의 정보와 통찰력을 사용하는 능력(김영순, 2021, 38)으로 보면, 리터러시는 고차사고력과 밀접한 관련이 있음을 쉽게 확인할 수 있다. 리터러시를 "다양한 상황과 관련된 인쇄자료를 사용하여 식별하고, 이해하고, 해석하고, 작성하고, 의사소통하고, 계산할 수 있는 능력"(김영순, 2021, 39)으로 정의한 유네스코와도 맥을 같이 하고 있다. 그래서 오늘날 사회에서는 고차사고력을 수행하지 못하는 사람을, 특히 정보화 사회에서는 새로운 정보를 학습하지 못하는 사람이나 정보 사회의 필수적 역량을 갖추지 못하는 사람(배화순, 2019, 95)을 문맹자(illiterate)로 볼 수 있다.

고차사고력에서 시민교육의 리터러시와 관련이 깊은 능력은 비판적 사고력이다. 리터러시 역량이 언어 사용 능력과 함께 평가와 비판 능력을 요하고 있는데, 평가와 판단 시에 비판적 사고력이 필요하다. 비판적 사고력은 이론, 논의 주제, 혹은 다른 사람의 의견에 대하여 충분히 이해한 후 의문을 가지고 검토하고 질문하며 다양한 관점을 고려하고 새로운 관점에서 자신의 의견이나 대안을 제시(설명)할 수 있는(김은영 외, 2021, 48) 역량이다. 베이어(Beyer, 1985)는 비판적 사고력을 위해서는 사실과 가치의 구분, 자료의 신뢰성 여부 확인, 근거에 의한 서술의 정확성, 주제에 대한 자료의 관련성 확인, 편견 확인, 숨겨진 가정 확인, 논리적 모순 발견, 근거 있는 주장과 그렇지 못한 주장, 논쟁이 될 만한가 등이 요구된다고 보았다.

비판적 사고력의 개념 틀을 보면 탐색, 상상, 실행, 반성의 단계로 구성되어 있다(표 1). 하위 사고 단계의 서술어를 보면 이해, 비교, 확인, 분석, 의견, 주장, 해결책, 평가, 인정, 의견 등이다. 비판적 사고는 리터러시가 지향하는 많은 요소들을 담고 있음을 알 수 있다. 리터러시는 비판적 사고를 통하여 실현되고, 동시에 비판적 사고를 이끌어 내는 역량이 될 수

〈표 1〉 비판적 사고력 개념의 루브릭

하위 사고 기술	비판적 사고력
탐색(Inquiring)	– 문제의 맥락, 틀, 한계 이해하기 – 기존 가정 확인과 의심, 사실과 해석의 정확성 확인과 분석
상상(Imagining)	– 대안적 이론과 의견 확인 및 다양한 관점 비교 – 장단점, 증거, 주장 확인
실행(Doing)	– 논리적, 윤리적, 또는 심미적 기준과 근거를 통해 해결책 합리화
반성(Reflection)	– 선호하는 해결책의 불확실성과 한계에 대한 평가와 인정 – 자기 의견의 편향성, 가능성에 대한 인정

김은영 외, 2020, 55

있다.

3. 리터러시와 시민성의 변주

21세기 리터러시 과제는 다른 사람들과 다양한 미디어로 정보를 교환하는 환경이 될 것이다. 텍스트들은 점차 시각적, 상호작용적, 다중 양상적(시각, 소리, 활자의 통합) 정보망으로 발전하고 있다. 그러한 정보 기술 영역까지 넓은 범위의 텍스트에 노출되는 학생들은 미래에는 정보를 비판 분석하는 능력에서부터 의미들을 생성, 창출하는 능력을 갖추어야 한다(양병현, 198). 이처럼 우리 사회에서 리터러시 텍스트의 다양화로 인하여 리터러시 역량도 훨씬 더 강화되고 있다. 그 변화의 중심에 서 있는 것이 미디어이다. 그리고 미디어를 제공하는 방식에서 큰 영역을 차지하고 있는 것이 디지털이다. 그래서 미디어와 디지털은 함께 다루어지는 경향이 크다. 여기서는 미디어 리터러시와 디지털 리터러시를 중심으로 그 성격을 살펴보고, 시민사회에서 미디어와 디지털 리터러시가 시민 역량, 더 나아가 시민교육에 주는 의미를 살펴보고자 한다.

가. 미디어 리터러시와 시민성

먼저, 미디어 리터러시의 정의를 살펴보고자 한다. 영국의 방송통신규제기구인 오프컴(Ofcom)은 미디어 리터러시를 "다양한 매체적 맥락 안에서 미디어에 접근(access)하고 미디어를 이해(understand)하며 창의적으로 제작(create)을 할 수 있는 능력"(안정임, 서윤경, 김성미, 2013, 168)으로 정의하였다. 유네스코는 미디어와 정보 리터러시를 함께 제시하면서, "미디어와 정보 리터러시를 인권을 존중하는 창의적·법적·윤리적 방식으로 정보와 지식에 접근하여 그것을 분석·평가·활용·생산·소통하는 데 필요한 지식·태도·기술·실천의 조합"으로 정의하였다(추병완, 2021, 14). 그리고 유럽연합집행위원회(European Commission) 산하 시청자권익위원회(EAVI: European Association for Viewers Interest)는 미디어 리터러시를 "정보 형태와 무관하게 다양한 미디어가 제공하는 메시지를 해석, 분석, 처리, 맥락화하여 정보를 획득, 흡수, 맥락화 할 수 있는 개인의 능력"(EAVI, 2011, 22)으로 정의하였다(안정임, 서윤경, 김성미, 168).

이를 종합해 보면, 미디어 리터러시는 미디어 매체를 통해서 전달되는 정보를 탈부호화하고 다시 탈부호화한 정보를 해석하고 비판하고 생산하여 부호화를 하는 능력으로 볼 수 있다. 미디어 리터러시는 미디어의 정보에 접근하여 또는 미디어로 제공된 정보를 분석하고 해석하고 평가하는 능력과 그 정보를 비판적으로 이해하여 미디어를 통해 자신의 정보를 다시 생산하는 능력으로 구분해 볼 수 있다.

미디어 리터러시의 구성요소는 곧 핵심 역량으로 이어진다. 여기서는 미디어 리터러시의 구성요소를 통하여 핵심역량을 알아보고자 한다. 먼저, 미국 미디어리터러시교육협회(National Association for Media Literacy Education)는 미디어 리터러시의 핵심 개념을 '접근, 분석, 평가, 소통'으로, 그리고 미국 미디어리터러시센터(CML: Center for Media Literacy)는 '접근, 분석과 탐구, 평가, 표현과 창조, 참여'(안정임, 서윤경, 김성미, 2013, 168)로 제시하였다. 그리고 미디어 리터러시의 핵심어를 저작, 형태, 청중, 내용, 목적으로 제시하고, 이에 대한 중핵 주제와 질문을 제시하였다(Thomas, Jolls, 2002, 13; 표 2). 김현진 외 6인(2020, 477)은 미디어 리터러시의 다양한 정의를 종합하여 미디어리터러시 역량의 하위요소를 ① 미디어 이용(접근) 능력, ② 미디어 (비판적) 이해 능력, ③ 미디어 표현 (생산) 능력, ④ 미디어 실천 (참여) 능력으로 제시하였다. 그들은 미디어 리

〈표 2〉 미디어 리터러시의 핵심어, 중핵 주제와 중핵 질문

핵심어	5가지 중핵 주제	5가지 중핵 질문
저작	모든 미디어 메시지는 구성된다.	이 메시지를 생성한 사람은 누구인가?
형태	미디어 메시지는 자신이 속한 문화 안에서 창의적인 언어를 사용하여 구성된다.	나의 주의력을 끌기 위해 사용된 창의적인 기법은 무엇인가?
청중	사람마다 똑같은 미디어 메시지를 다르게 경험한다.	다른 사람들이 나와 다르게 이 메시지를 어떻게 이해할 수 있을까?
내용	미디어는 가치와 관점을 내장하고 있다.	이 메시지에서 어떤 라이프 스타일, 가치 및 관점을 나타내거나 생략하는가?
목적	대부분 미디어는 이윤과 권력을 얻기 위해 조직된다.	왜 이 메시지를 보냈을까?

추병완, 2021, 18

터러시의 강조점을 접근, 비판, 생산과 참여에 두고 있다. 그리고 설규주(2021, 67)는 미디어 리터러시의 요소를 미디어에 대한 이해, 미디어 접근 능력, 비판적 이해 능력, 창의적 표현 능력, 사회적 소통 능력으로 제시하였다(표 3). 설규주가 제시한 미디어 리터러시 구성요소 중 미디어에 대한 이해와 미디어 접근 능력은 미디어의 이용 능력으로 볼 수 있다.

미디어 리터러시의 요소들이 가진 특징(안정임, 서윤경, 김성미, 168-169)을 살펴보면, 미디어 이용 능력은 미디어 리터러시의 가장 기본적인 능력이고, 여기에는 미디어 자체 대한 속성 및 기술을 이해하고 사용하는 능력이 포함된다. 미디어에 대한 비판적 이해 능력은 미디어의 현실 재구성, 미디어 운영의 산업적 동기, 미디어 언어에 따른 의미 전달과 표현 방식, 이용자에 따른 내용과 수용 정도 등에 대한 이해가 해당된다. 미

〈표 3〉 미디어 리터러시의 요소

요소	특징 / 내용
미디어에 대한 이해	• 미디어의 기능(연결, 커뮤니케이션) • 미디어의 메시지 • 미디어의 영향력
미디어 접근 능력	• 미디어 기기, 네트워크, 플랫폼, 콘텐츠 등에 대한 선택과 접근 • 기술적 조작 능력(기기를 원활하게 사용) • 인지적 조절 능력(자신이 필요로 하는 정보를 주의 깊게 선택)
비판적 이해 능력	• 미디어 메시지에 대한 비판적 읽기 • 온라인 정보의 신뢰성과 타당성 평가
창의적 표현 능력	• 자기표현과 글쓰기 • 창의적 콘텐츠 제작 • 콘텐츠 큐레이션
사회적 소통 능력	• 공적 사안에 대한 관심 • 공개적 의견 표현 • 공론화 과정에의 참여

디어를 활용하고 표현하는 능력은 미디어 리터러시의 가장 핵심적인 능력으로 미디어가 개인화되면서 더욱 주목받고 있다. 이는 자신의 의견과 정체성을 다양한 미디어 콘텐츠의 형식을 통해 창의적으로 표현(creative expression), 제작(production), 창조(creation)하고 이를 타인에게 전달하여 공유하는 능력을 의미한다.

미디어 리터러시는 미디어의 이용 능력, 비판적 이해 능력과 미디어의 활용 표현 능력을 개발하여, 궁극적으로 우리들이 "미디어를 통한 상호적 네트워크 활동의 수행과 미디어를 통한 개인 및 공동 작업을 통해 지식을 공유하고 문제를 해결하기 위해 가족, 직장 및 공동체, 그리고 공동체의 일원으로 실천적 참여하는"(최숙기, 2019, 394) 데 그 지향점이 있다. 이는 우리 사회에서 "미디어는 근대 이후 시민을 생산하는 가장 핵심적인 사회적 기제로 기능해 왔다. 공동체적 관심사가 되는 사회적 의제를 공유하고 비판적으로 접근하고 스스로의 판단을 가지는 것은 시민적 능력의 가장 중심적인 부분이다. 이 능력이 만들어지고 성장하는 곳이 미디어"(여건종, 2011, 125)이고, "미디어는 근대 시민사회의 등장과 함께 성장한 사회적 공공재"(여건종, 125)이기 때문이다.

미디어 리터러시는 시민들이 복잡하고 변화하며 미디어로 매개되는 세상에서 의식적이고 비판적인 방식으로 대처할 수 있도록 하는 지식, 기술, 태도의 총화다. 그것은 사회 참여를 목표로 삼아 능동적이고 창의적인 방법으로 미디어를 사용할 수 있는 능력이다(추병완, 2021, 25). 미디어 리터러시는 미디어를 이용하여 사회를 이해하고, 다시 사회 문제에 적극적으로 참여할 수 있는 통로라고 볼 수 있다. 미디어 리터러시는 시민들이 주체적으로 살아가는 데 큰 기여를 할 수 있다. 이런 측면에서 미디어 리터러시는 시민교육적 의의를 가지고 있다.

미디어 리터러시의 시민교육적 의의는 미디어를 통하여 세상의 문제에 적극적으로 참여할 수 있다는 점에 있다. 미디어는 시민들이 "특정한 공공 이슈나 문제에 대한 특정한 입장을 정당화하는 미디어 텍스트에 내재한 의미 구조를 해석하도록 안내"(은지용, 2021, 134)해 준다는 점에서 시민교육적 가치가 있다. 미디어 리터러시는 "청소년들로 하여금 미디어가 송출하는 공공 이슈, 문제, 사건, 대상 등과 관련된 정보와 서사 구조를 탐색하고, 미디어 텍스트에 내재한 의미 구조를 분석하며, 의미 구조 속에 내재한 관점, 이념, 가치관 등을 추론함으로써 미디어 텍스트 생성의 주체인 미디어의 의도나 이해관계의 맥락을 평가"(은지용, 135)하는 경험을 제공해 줄 수 있다.

나. 디지털 리터러시와 시민성

정보통신기술의 발달로 디지털 시대가 도래하면서 미디어의 양태가 다변화되었다. 디지털 미디어를 통해 시공간을 초월하여 소통을 하고 있다. 우리 사회는 디지털 미디어를 이용하여 사고하고 학습하고 의사소통하고 협력하며 살아가고 있다. 디지털 미디어를 기반으로 한 SNS, 유튜브, UCC, 스마트폰 등의 장치는 세계를 네트워크화하고 있고, 수많은 콘텐츠를 생산하고 유통하고 소비하는 기능을 수행하고 있다. 그리고 디지털 시대의 네트워크 확산은 개인의 일상을 편리하고 다양하게 변화시켰고, 커뮤니케이션 방식에 커다란 변화를 가져왔다. 기존의 면대면 방식이었던 커뮤니케이션의 비중이 감소하고, 인터넷이나 SNS와 같은 정보 매체를 매개로 한 커뮤니케이션의 비중이 증가하였다(김영순, 2021, 235).

디지털 미디어 중 대표적인 것은 자신의 생각과 의견, 경험, 관점, 정보를 다른 사람들과 공유하기 위해 온라인에서 서로 주고받는 소통방식인(추병완, 2021, 55) 소셜 미디어(social media)이다. 소셜 미디어는 시공간을 뛰어넘어 소통이 가능하도록 하는 엄청난 순기능을 가지고 있다. 소셜 미디어는 거대자본이나 방송국 등이 지배해 온 미디어를 누구나 향유할 수 있도록 허용해 주고, 일상생활에서 콘텐츠를 생산하고 동시에 소비하는 삶을 가능하도록 해 주고 있다. 그러나 소셜 미디어는 순기능 못지않게 역기능도 가지고 있다. 디지털 공간에서 만연하는 개인 정보 유출, 악의적인 댓글, 댓글을 통한 여론 조작, 가짜 뉴스, 혐오 표현, 선정성, 폭력성 등은 소셜 미디어의 대표적인 문제점으로 나타나고 있다. 이런 역기능은 편리한 디지털 사회에서 사람들을 힘들게 살아가게 만든다. 또한 디지털 미디어는 온라인상에서 잊힐 권리와 알 권리 간의 갈등, 정보의 객관성 상실, 정보의 확증 편향성, 정부의 규제 등의 문제를 야기하고 있다. 이와 같은 디지털 미디어 사회에서는 디지털 미디어에 대한 분석, 판단 능력을 요구하는 디지털 리터러시를 갖출 필요가 있다.

디지털 리터러시는 미디어 리터러시의 하위개념이어서 미디어 리터러시의 정의를 활용하여 개념 정의를 할 수 있다. 미디어 리터러시는 미디어의 정보에 접근하여 또는 미디어로 제공된 정보를 분석하고 해석하고 평가하는 능력과 그 정보를 비판적으로 이해하여 미디어를 통해 자신의 정보를 다시 생산하는 능력이다. 여기서 미디어의 범위를 디지털로 좁히면 디지털 리터러시를 쉽게 정의할 수 있다. 그래서 디지털 리터러시를 디지털 미디어의 정보에 접근하여 또는 디지털 미디어로 제공된 정보를 분석하고 해석하고 평가하는 능력과 그 정보를 비판적으로 이해하여 디지털 미디어를 통해 자신의 정보를 다시 생산하는 능력으로 정의할 수 있다.

디지털 사회에서는 온라인상에서 행해지는 디지털 미디어를 알고, 이를 바탕으로 비판적으로 바라보고, 다시 디지털 미디어의 정보를 활용하고 다시 생산하는 능력이 요구되는데, 이런 능력이 디지털 시민성(digital citizenship)이다. 유네스코는 디지털 시민성을 "효과적으로 정보에 접근하고 사용하고 창조할 수 있는 능력, 능동적, 비판적, 민감하고 윤리적인 태도로 다른 사용자와 콘텐츠를 가지고 참여하는 능력, 자신의 권리를 인식하면서 안전하고 책임감 있게 온라인과 ICT 환경을 활용하는 능력"(UNESCO, 2017, 6)으로 정의하고 있다. 이는 시민들이 다양한 디지털 미디어를 통해 자신의 의견을 드러내고, 사회·정치적 이슈에 관심을 갖고 참여하며, 다원화된 사회·문화·경제 공동체 구성원으로서 복합적인 역할을 수행(허수미, 2021, 172)하는 데 필요한 역량이다. 디지털 시민성과 관련된 언어로는 안전, 책임감, 기회, 디지털, 이용 등이 있다(그림 1).

디지털 시민성은 디지털 미디어의 이용 능력, 비판적 이해 능력과 디지털 미디어의 활용 표현 능력이라는 디지털 리터러시의 역량으로 구성되어 있다. 그래서 디지털 미디어의 접근성과 이용 능력, 디지털 미디어 콘텐츠의 비판적 이해와 디지털 미디어의 활용하여 새로운 콘텐츠의 생산 능력을 갖추는 것이 중요하다. 미디어 리터러시에 비해서 디지털 리터러시에서 추가해서 중요하게 다루어지는 요소로는 자신의 권리를 인식하면서 안전하고 책임감 있게 온라인과 ICT 환경을 활용하는 능력이다. 무방비로 쏟아지는 디지털 정보를 자신의 권리 기준으로 분별하는 능력과

[그림 1] 디지털 시민성의 워드 크라우드

UNESCO, 2017, 19

온라인상의 소셜 미디어 등에 탑재한 정보에 대한 책임감, 그리고 온라인 상에서 자신을 보호하거나 잊힐 권리 등을 강조하고 있다.

또한 디지털 미디어의 주요 콘텐츠 중의 하나는 데이터이다. 디지털 사회에서 개인들이 생산하고 소비하는 콘텐츠는 데이터로 축적되고 있다. 디지털 공간에 실시간으로 축적되고 있는 거대한 양의 데이터는 또 따른 콘텐츠를 만들어 내고 있다. 그래서 숫자, 그래프, 도표, 도식, 이미지 등으로 제공하는 데이터를 읽어 내어 의미를 찾아내는 능력과 데이터를 활용한 콘텐츠의 생산 능력도 함께 요구하고 있다. 데이터가 가진 의미를 빠른 속도로 분석, 해석, 비판, 평가를 해 내는 능력은 디지털 사회에서 매우 중요한 능력으로 인정받고 있다. 그래서 데이터를 읽고, 사용할 수 있는 능력인 데이터 리터러시는 현대 사회의 필수적인 역량(배화순, 2019,

95)으로 강조되기도 한다. 데이터 리터러시(data literacy)는 "데이터에 기반하여 정보를 추출하고, 데이터에 대한 질문을 생성하거나 실생활의 다양한 문제를 해결하기 위하여 데이터를 활용하며, 적절한 도구를 활용하여 데이터를 구성하고, 결론을 도출하는 일련의 과정이며, 더 나아가 상호 의사소통 과정에서 데이터를 사용하는"(배화순, 2019) 능력이다. 데이터 리터러시는 크게 세 범주, 즉 데이터 생성 및 조직, 데이터 활용 및 분석, 데이터 기반 의사소통 및 데이터 윤리로 구성되어 있다(표 4).

데이터 리터러시는 리터러시가 가진 기본 속성인 생성, 조직, 활용, 분석, 소통 역량을 강조하고 있다. 더 나아가 데이터 윤리를 강조하고 있는데, 데이터 윤리를 사회질서 유지라는 측면을 넘어서 개인의 권리와 데이터의 생성과 이의 소통에서 책임도 중시하고 있다.

그러나 디지털 리터러시는 디지털 정보의 생성, 소비와 소통을 통하여

〈표 4〉 데이터 리터러시의 범주

데이터 리터러시의 범주	세부 요소
데이터 생성 및 조직	• 데이터의 형식 및 데이터베이스 소개 • 데이터 수집 • 데이터 관리 및 조직 • 데이터 시각화
데이터 활용 및 분석	• 데이터에 기반한 질문 및 응답 • 데이터의 정보 추출 • 데이터 활용 • 데이터 분석 • 데이터에 기반한 추론 및 설명 • 데이터 판단 및 비판
데이터 기반 의사소통 및 데이터 윤리	• 데이터를 활용한 의사소통 • 데이터 인용 및 활용 관련 윤리

배화순, 2019, 101

삶의 질을 높이는 순기능에도 불구하고 많은 부작용도 낳고 있다. 디지털 리터러시의 역기능을 보이는 대표적인 콘텐츠는 뉴스이다. 뉴스는 우리 사회에서 큰 영향력을 지니고 있다. 일반적으로 뉴스는 사실 보도를 원칙으로 하고 있지만, 뉴스에 사람들의 편견, 이익, 주장 등이 반영됨으로써 뉴스는 사실 전달이 아닌 왜곡된 자기주장의 장으로 변질되기도 한다. 그 결과, (디지털) 미디어를 통해서 전달되는 뉴스를 보면서도 뉴스 이면까지도 파악해야 하는 어려움을 겪고 있다. 이때 필요한 역량이 뉴스 리터러시(news literacy)이다.

미디어가 '보여 주는' 세상은 미디어가 '보여 주고 싶은' 세상일 수 있다. 따라서 미디어가 보여 주는 세상을 제대로 볼 수 있는 눈과 수용 자세를 가져야 한다. 또한 미디어가 보여 주지 않는 미디어 밖 세상에 대한 관심도 필요하다. 일반 시민이 세상이 돌아가는 상황을 알 수 있는 수단은 뉴스이다. 언론 매체는 회의를 통해 뉴스로 내보낼 사건을 선정한다. 기자가 취재한 사건은 편집국 논의를 거쳐 뉴스를 결정하는 사람들에 의해 보도 여부가 결정된다. 이런 과정에서 사실은 우리에게 여과 없이 전달되기도 하며, 왜곡된 사실이 전해지기도 한다(한국언론재단 편집부, 2005, 49).

뉴스 리터러시는 뉴스에 대한 이해, 분석과 활용 능력이다. 뉴스 리터러시는 자신의 필요에 따라 뉴스 미디어에 접근할 수 있는 능력, 뉴스를 비판적으로 수용하고 활용할 수 있는 능력, 뉴스 생산과 소비에 책임질 수 있는 태도(이숙정, 양정애, 2017)로 구성되어 있다. 뉴스 리터러시는 거짓 뉴스를 찾아내는 능력이라고 해도 과언이 아니다. 모든 뉴스가 진실이 아닐 수 있음을 염두에 두고서 뉴스 비교하기를 통해서 가짜뉴스를 구별하는 능력이 디지털 사회에서 새롭게 요청되고 있다.

뉴스 리터러시는 탈진실 현상에 대응하는 시민성 교육이다. 뉴스 리터러시 역량을 신장시키기 위해서는 첫째, 디지털 미디어 사회의 특성과 가짜뉴스의 생산, 유통, 확장의 관계를 구조적으로 파악할 수 있도록 안내하고 그 안에서 언론과 미디어에 대한 자신의 태도를 성찰하도록 해야 한다. 둘째, 뉴스 리터러시 수업은 청소년의 미디어 환경 특성을 충분히 고려하여 구성하되 자신의 리터러시를 스스로 성찰하는 경험이 포함되도록 구성되어야 한다. 이를 위해 청소년들에게 익숙한 공명적 읽기 대상을 포함하여 수업을 구성하되, 습관화된 표면적·편향적 읽기의 문제점을 스스로 인식하고 이러한 성향에서 벗어날 수 있도록 안내하는 활동을 제공해야 한다(허수미, 2021, 177-178).

뉴스 리터러시를 함양하여 디지털 시대의 역기능인 가짜 뉴스에 대한 대처 능력을 기를 필요가 있다. 우리가 일상적으로 접하는 보이스 피싱도 가짜 뉴스의 대표적인 종류이다. 우리가 원하지 않는 가짜 뉴스를 경험할 때, 이를 참과 거짓으로 구별할 수 있는 역량을 길러야 한다. 그 출발 행위는 자신이 생산하지 않은 뉴스에 대한 확인 행위인 팩트 체크(fact check)에서 시작한다. 그래서 오늘날 시민들은 "자신의 손끝으로 닿을 수 있는 풍부한 정보와 미디어에 적절하게 접근하고, 평가하며, 이용하고, 관리하며, 더할 수 있는 스킬"(한국교육개발원 역, 2012, 109)을 갖추어야 한다.

다. 리터러시와 시민교육

리터러시는 시민으로서 우리가 일상생활을 영위하는 데 중요한 역량임에 틀림없다. 우리는 (디지털) 미디어를 통해서 만나는 사건, 이슈, 문제 등에 대한 이해를 바탕으로 콘텐츠를 분석하고 그 사건, 이슈, 문제 등에 참여하여 문제를 해결하거나 의사결정을 한다. 이 과정을 수행하는 역량이 리터러시이고, 여기서 중요한 것은 분석 행위이다. (디지털) 미디어를 통해서 접한 다양한 콘텐츠의 분석은 콘텐츠가 담고 있는 사건, 이슈, 문제에 대한 적극적인 참여와 주체적인 비판, 판단, 의사결정을 안내해 준다. 리터러시는 콘텐츠의 분석을 통하여 적극적이고 주체적인 행위를 이끌어주기에 리터러시와 시민교육은 매우 밀접한 관계성을 갖고 있다.

먼저, 미디어 리터러시는 "미디어가 송출하는 공공 이슈, 문제, 사건, 대상 등과 관련된 정보와 서사 구조를 탐색하고, 미디어 텍스트에 내재한 의미 구조를 분석하며, 의미 구조 속에 내재한 관점, 이념, 가치관 등을 추론함으로써 미디어 텍스트 생성의 주체인 미디어의 의도나 이해관계의 맥락을 평가"(은지용, 2021, 135)할 수 있다. 특히 미디어를 통해서 접하는 공적 문제나 쟁점의 내용을 파악하고, 그것들이 가지는 의미구조를 비판적으로 분석하고 판단하고, 이 공적 문제나 쟁점의 해결과정에 적극적으로 참여하고 실천하는 역량을 갖추어야 한다.

미디어 리터러시는 비판적 사고를 바탕으로 행해질 때 더욱 큰 효과를 가질 수 있다. 시민들은 미디어 리터러시를 함양하여 미디어가 지닌 의도, 문제점, 선입견, 편견, 불공정, 불평등, 불합리, 차별 등을 간파해 내서 우리 사회가 지향하는 공정성, 공동체 정신, 민주시민정신, 다양성, 조화

30

등을 실천해 나갈 수 있다. 특히 미래시민인 학생들은 미디어 리터러시 역량을 개발하여 미래사회가 더욱 더불어 살아가는 조화로운 시민사회를 건설하는 데 기여해야 할 책무를 지니고 있다.

다음으로 디지털 리터러시는 우리가 시민으로서 살아가는 데 필수적인 역량이다. 디지털 사회에서 시민성을 갖춘 사람은 소셜 미디어의 환경적 특성에 대한 이해를 바탕으로 타인에 대한 관용적인 태도를 갖고 미디어를 통해 공동체의 사회적 이슈에 적극 참여하고, 공공의 목적으로 미디어를 활용할 수 있어야 한다(허수미, 2021, 167). 우리는 시민으로서 디지털 리터러시 역량을 갖추어서, 디지털 사회에서 기본적인 지식의 획득뿐만 아니라 지식의 생성 및 소통에 적극적으로 참여하고, 디지털 사회에서도 책임성과 윤리의식, 타자의 권리 존중 등을 함께 실천하기를 요청받고 있다.

일상생활에서 만나는 디지털 공간은 디지털 리터러시를 개발하고 실천하는 데 있어서 중요한 무대라고 볼 수 있다. 개인 미디어의 발달로 디지털 사회에서 개인의 역량이 강화되고 있지만, 대부분 개인들은 미디어 콘텐츠의 소비자로서 역할을 수행하고 있다. 이것은 디지털 사회에서 개인이 목적에서 대상으로, 주체에서 객체로, 능동적 존재에서 수동적 존재로 전환되고 있음을 말해 준다. 이런 국면에서 개인이자 시민은 디지털 리터러시 역량을 갖추어 대상이 아닌 목적으로, 객체가 아닌 주체로서, 수동적 존재가 아닌 능동적 존재로서 거듭날 필요가 있다.

다음으로 시민들은 일상생활 속에서 나타나는 다양한 데이터를 직접 이해하고, 활용하고, 분석함으로써 사회생활의 다양한 문제를 파악하고, 이를 해결하고자 하는 방안을 도출하는 과정 전반을 의미(배화순, 2019,

98)하는 데이터 리터러시를 갖출 필요가 있다. 데이터로 제시되는 각종 텍스트는 시민교육을 수행하는 데 큰 기여를 해 주고 있다. 데이터 리터러시의 시민교육적 효과는 지식, 기능, 가치 및 태도의 측면에서 고르게 나타나고 있다(배화순, 2019, 107). 지식적 측면에서는 데이터 리터러시 교육을 통해서 학습의 효과가 높아지고(Vahey et al., 2012; Hammond, 2010), 학생들을 대상으로 한 데이터 활용 수업에서도 관련 개념의 심층적 이해에 도움이 된다(DeLuca, Lari, 2011). 기능적 측면에서는 데이터 리터러시 교육을 통해 시민교육에 필요한 고차적 사고력을 함양할 수 있고, 학생들의 반성적 탐구 능력도 촉진한다(McClain et al., 2000). 마지막으로 가치 및 태도의 측면에서는 데이터 리터러시 교육을 통해 학습자들의 학습 동기를 증진할 수 있다(Hammond, 2010). 학생들은 수업 과정에서 실생활 데이터를 분석하고 해석하는 등의 일련의 활동을 경험함으로써 수업이나 과제 자체에 대한 관심이 높아지며, 이를 통해 자연스럽게 수업이나 과제에 대한 내재적 동기가 높아지게 된다(Erwin, 2015).

마지막으로 뉴스 리터러시는 시민으로서 살아가는 데 매우 중요한 역량이다. 일상에서 접하는 뉴스를 비판적으로 분석함으로써 스스로 자기 검열을 강화하고, 타자의 위장이나 위선도 파악할 수 있다. 시민들은 스스로 자신이 접하는 뉴스, 미디어 정보, 디지털 정보 등을 점검함으로써 타자의 사고나 관점에 압도당하지 않고 주체적이며 자율적으로 문제나 쟁점을 해결하며 살아가는 역량을 기를 필요가 있다. 따라서 시민으로서 텍스트의 이해뿐만 아니라 이의 판단, 평가하는 능력을 기르는 리터러시 교육은 곧 시민교육의 구체적인 실천이라고 볼 수 있다.

4. 리터러시와 시민성의 정합: 비판적 리터러시 시민성

가. 리터러시와 시민성

리터러시의 핵심적 활동은 미디어의 접근, 비판과 생성이다. 미디어의 접근은 이해이고, 미디어의 비판은 비교, 분석, 해석과 평가이고 생성은 소통과 참여 및 실천이다(그림 2).

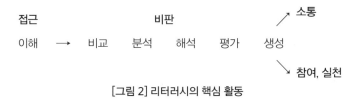

[그림 2] 리터러시의 핵심 활동

시민으로서의 리터러시 역량을 발휘하기 위해서는 리터러시의 핵심 활동 단계에 익숙할 필요가 있다. 리터러시 역량을 위해서는 사회에서 접하는 사건, 이슈, 문제, 딜레마 등을 이해하는 과정이 요구된다. 이해는 사건, 이슈, 문제, 딜레마 등에 대해서 알아가는 행위이다. 쟁점의 이해 당사자, 주장하는 내용, 주장하는 근거나 이유 등을 알아가는 행위를 요한다. 텍스트를 이해하는 과정에서는 텍스트의 코드를 풀어가는 절차가 요구된다. 이것의 출발은 내용의 이해이다. 이슈나 문제 등의 주장자, 주장의 내용, 주장의 근거나 이유 등을 파악하는 활동이다. 여기서 주장하는 사람이나 집단의 견해나 쟁점을 파악한다. 데이터, 뉴스, 이미지, 동영상, 지도, 도표, 그래프 등으로 제시되는 다양한 텍스트에 관하여 알아가는 과정을 필요로 한다. 보통 텍스트는 타자가 제공하는 경우가 많다. 이런 경우에는 더더욱 제공되는 텍스트를 이해할 필요가 있다. 그래서 텍스트 이해는 리터러시의 필요조건이다.

다음으로 비판의 과정이 필요하다. 비판의 출발은 비교와 분석이다. 비교는 서로 다른 점과 같은 점을 찾는 데 초점을 두고, 대조는 서로 다른 점에 더 많은 초점을 두고 있다. 그리고 복잡한 내용을 일정한 기준으로 구분하여 분석하는 과정을 요한다. 분석은 텍스트를 세분화하여 각 부분들이 어떻게 작용하는지를 살펴보는 과정이다. 분석 과정은 비교와 대조 활동을 동반하기도 한다. 다음으로 해석과 평가의 과정이 있다. 리터러시 활동은 분석한 결과에 대한 해석이 요구된다. 해석은 자연스럽게 평가 행위를 동반한다. 해석은 자신의 입장을 가지게 된다. 객관적 해석과 평가를 지향하지만, 여기에는 주관이 개입할 가능성이 있다. 주관의 입장을 가지고서 해석하고 평가하는 것은 그것을 바탕으로 새로운 텍스트의 생성을 하게 만든다. 여기서 텍스트의 소비자에서 생산자로 자신의 위치를 전환할 수 있다. 때로 시민들은 리터러시의 소비와 생산 행위를 동시에 수행하는 프로슈머(pro-sumer)로서 기능도 한다. 어떤 텍스트에 자신의 입장을 가진다는 것은 쟁점에 대한 자신의 생각을 가지고, 이를 타인들에게 밝히고, 타당한 근거를 바탕으로 타인들을 설득하는 행위를 한다는 것을 의미한다.

마지막으로 텍스트에 대한 이해와 비판을 바탕으로 생성한 자신의 텍스트를 (디지털) 미디어 등을 통하여 타자나 세상과 소통을 할 수 있다. 그 소통의 적극적 행위로서 참여와 실천 활동을 수행한다. 리터러시에서 참여와 실천 행위는 시민으로서의 효능감을 높이거나 가져다줄 수 있다. 시민성의 입장에서는 참여와 실천이 궁극적인 목적이 될 수 있고, 참여와 실천을 통하여 시민사회를 실현할 수 있다. 그래서 리터러시의 생성 단계인 소통과 참여 및 실천은 리터러시의 충분조건에 해당한다.

리터러시 시민성은 리터러시의 핵심 활동인 텍스트 비판 활동, 즉 비교, 분석, 해석과 평가, 그리고 새로운 텍스트의 생성 활동인 소통과 참여 및 실천 활동에 있다. 시민들은 두 활동에서 적극적인 행위가 가능하고, 시민으로서의 주체적인 판단과 결정, 그리고 참여와 실천을 수행할 수 있다. 미디어 등의 다양한 텍스트를 시민으로서 비판하고, 이를 바탕으로 사회의 쟁점, 사건과 문제에 참여하는 행위에서 시민성이 가장 크게 신장될 수 있다.

나. 비판적 리터러시 시민성

민주시민교육이란 민주주의의 이념과 가치를 바탕으로 학생들이 자율적 주체인 민주시민으로서의 권리 행사와 책임을 다하고, 갈등과 대립을 평화롭게 해결하려는 의지를 가지며, 자유로운 토론과 다수결의 원리를 존중하되 인간의 존엄성과 기회균등의 입장에서 소수자 의견을 보호하고, 다양성에 대한 존중과 삶의 환경에 관심을 가지기 위해 필요한 지식, 가치·태도, 기능이 종합된 역량을 함양하도록 하는 교육을 뜻한다(장의선 외 5인, 2020, 48). 그리고 민주시민성은 공공선과 공동체의식, 인간의 존엄성과 인권, 문화다양성과 공존, 지속가능성과 상생, 의사소통과 민주적 의사결정, 그리고 비판적 사고와 리터러시로 제시하였다(장의선 외 5인, 2020, 57-58). 민주시민성 중에서 리터러시 시민성과 관련이 깊은 것

<표 5> 비판적 사고와 리터러시

영역	역량	예시
비판적 사고와 리터러시	메타 인지와 성찰적 사고	자신의 입장에 대한 자각, 자아 표현과 지식의 한계에 대한 자각과 조절 등
	분석적 사고와 합리적 판단	논리의 파악, 유사점과 차이점 분석, 전제와 논리와 결론의 일관성 등
	미디어 및 디지털 리터러시	미디어 및 디지털 콘텐츠의 생산 과정 이해, 사실과 주장의 분별, 디지털 기술의 활용성과 윤리적 제한의 이해 등

장의선 외 5인, 2020, 58, 표를 재구성함

은 '비판적 사고와 리터러시'이다(표 5). 이의 역량은 메타인지와 성찰적 사고, 분석적 사고와 합리적 판단, 미디어 및 디지털 리터러시이다.

리터러시 시민성의 중요한 활동은 비판적 분석이다. 비판적 분석은 자신의 목적이나 상황을 고려하면서 필요한 지식과 정보를 주도적이고 능동적으로 선택하고, 다양한 이데올로기가 포함된 수많은 지식과 정보에 대해 비판적인 사고가 가능하도록 해 준다(오경선, 2021, 59). 비판적 분석 활동은 비판적 사고와 행동을 할 줄 아는 비판적 리터러시(critical literacy)를 길러준다.

비판적 리터러시를 신장하기 위한 절차와 방법들이 제안되고 있다. 먼저, 루이슨, 플린트, 슬러이스(Lewison, Flint, Van Sluys, 2002)는 기존 연구결과들을 종합하여 비판적 리터러시 역량의 수준을 네 가지로 정리하였다. 즉, 익숙한 것을 뒤집어보기(disrupting commonplace), 다양한 관점을 살펴보기(interrogating multiple viewpoints), 사회정치적 쟁점에 초점을 맞추기(focusing on sociopolitical issues)와 행동 실천하기와 사회정의 증진하기(taking action and promoting social justice)가 그것이다. 그들은 비판적 리터러시를 일상을 낯설게 바라보기에서 다양성 존중과 사회정치적 쟁점에 관심으로, 더 나아가 실천과 참여하기로 마무리하고 있다. 여기서 비판적 리터러시의 중요한 수준은 '다양한 관점을 살펴보기'와 '사회정치적 쟁점에 초점을 맞추기'이다. 이들이 리터러시 시민성의 비판에 해당하는 부분이다. 비판적 분석은 다양한 관점을 가지고서 사회정치적인 주제를 다루는 활동이다. '다양한 관점을 살펴보기'는 텍스트 안의 관점들, 다양한 관점이 가진 차이를 분석하고, '사회정치적 쟁점에 초점을 맞추기'는 다수자가 관련된 사회정치적 쟁점들을 중심으로 해서 분석하는 행위를 수행한다. 이 두 단계를 수행하면서 비판적 분석을 한다. 그리고 '행동 실천하기와 사회정의 증진하기'는 대안의 가능성 탐색 및 실천으로서 참여와 실천을 통한 시민적 효능감을 높이는 행위이다. 이 단계는 리터러시 시민성의 생성에 해당하는 수준으로서 비판적 분석을 통한 생성을 토대로 참여, 협력과 연대를 구체적으로 실행에 옮겨서 사회정의를 구현하고자 한다.

　다음으로 미국의 C3 교육과정(framework)에서 비판적 리터러시 시민성을 살펴볼 수 있다. 미국 C3 교육과정은 시민성 함양을 위해서는 학생들이 다양한 문제를 해결할 수 있고 공동생활에 참여할 수 있는 능력이 필요하다고 보았다(최정순, 2015, 65). 미국 C3 교육과정은 4수준으로 구성되어 있다(표 6). 즉, 수준 1: 질문하기 및 탐구 계획하기, 수준 2: 학제적 도구와 개념 적용하기, 수준 3: 자료 평가하기와 근거 활용하기, 그리고 수준 4: 결론 제시하기와 정보화된 행동 실천하기가 그것이다. 이 수준에서 리터러시와 깊은 관련이 것은 수준 3: 자료를 평가하고 증거를 사용하기와 수준 4: 결론에 대해 의사소통하고 정보에 기반하여 행동하기

수준 1: 질문하기 및 탐구 계획하기	수준 2: 학제적 도구와 개념 적용하기	수준 3: 자료 평가하기와 근거 활용하기	수준 4: 결론 제시하기와 정보화된 행동 실천하기
질문하기 및 탐구 계획하기	공민 경제 지리 역사	자료 수집하기와 평가하기	소통하기와 결론 비판하기
		주장하기와 근거 활용하기	정보화된 행동(informed action) 실천하기

National Council for the Social Studies, 2017, 12

이다. 다시 수준 3은 자료수집 및 평가하기, 주장하기 및 증거 사용하기, 그리고 수준 4는 결론에 대해 의사소통하고 비판하기, 정보에 기반하여 행동하기로 세분되어 있다. 이 수준 3과 4는 비판적 리터러시의 핵심활동인 비판적 분석과 실천을 담고 있다. C3 교육과정에서 수준 3과 4의 자료수집 및 평가하기, 주장하기 및 증거 사용하기와 결론에 대해 의사소통하고 비판하기는 비판적 분석에, 그리고 수준 4의 정보에 기반하여 행동하기는 실천에 해당한다.

  미국 C3 교육과정의 수준들을 살펴보면 〈표 7〉과 같다. 이 수준에서 리터러시 시민성과 관련이 깊은 것은 수준 3인 '자료 평가하기와 근거 활용하기'와 수준 4인 '결론 제시하기와 정보화된 행동 실천하기'이다. 수준 3은 분석의 단계이다. 현상에 관한 자료를 수집하고 평가하는 활동이 분석에 해당한다. 이런 분석은 나름의 근거를 마련해 준다. 수준 3에서 분석을 수행한 후, 수준 4에서 소통을 하는 단계이다. 여기서는 학생들이 자신의 생각과 타자의 생각을 비교 정리하여 상호 소통을 한다. 시민교육의 관점에서는 타자의 관점이나 사고의 차이를 존중하면서 소통하는 역량을 강조하고 있는 점이 특기할 만하다. 여기서 자신의 생각을 타자와 소통합 때 근거나 이유를 바탕으로 이루어질 필요가 있다. 수준 4는 학생들이 시민으로서 공동체의 문제, 쟁점, 사건 등에 적극적인 관심과 참여를 강조하고 있다. 이는 실천을 통해서 공동체의 문제를 합리적으로 그리고 공감하며 해결할 수 있도록 이끌고 있다.

미국 C3 교육과정은 학생들이 비판적 리터러시 시민성을 갖추도록 지향하고 있다. 그 중심은 비판적 분석과 이를 바탕으로 한 소통, 즉 참여와 실천 행위이다. C3 교육과정은 결국 비판적 리터러시 시민성을 지닌 능동적이고 책임감 있는 시민은 공적 문제를 인식하고 분석하고, 쟁점을 정의하고 주장하는 방법에 대해서 타인과 심사숙고하고, 건설적이고 협력적인 행동을 취하고, 집단을 만들고 유지하고, 크고 작은 기관에 영향을 미친다(National Council for the Social Studies, 19)고 보고 있다.

〈표 7〉 C3 교육과정의 수준별 특성

수준	내용
수준 1: 질문하기 및 탐구 계획하기	사회과의 내용은 다양한 사실, 개념과 일반화로 구성되어 있다. 이 내용들을 함께 통합하는 방법은 질문하기와 이의 지원을 통해서 가능하다.
수준 2: 학제적 도구와 개념 적용하기	학생들은 학제적 개념과 도구를 이용하여 물음을 제기하고 이 물음을 추구하기 위하여 학제적 지식에 접근한다.
수준 3: 자료 평가하기와 근거 활용하기	학제적 방법으로 자료를 수집하고 평가하는 능력과 근거를 이용하는 능력을 개발하도록 돕는 것이 탐구의 핵심이다.
수준 4: 결론 제시하기와 정보화된 행동 실천하기	형식적, 비형식적 방식으로 최종 결론을 소통한다. 다양한 형식(예: 토론, 논의, 정책 분석, 비디오 제작, 포트폴리오)과 내용을 활용하여 결론을 제시한다. 다른 해결책을 창조하려는 태도를 갖는다. 학생들에게 개별 활동, 협동 활동, 소집단 활동, 전체 활동을 할 수 있는 기회를 제공한다.

National Council for the Social Studies, 2017, 17-19 내용을 토대로 재구성

다음으로 미국의 미디어리터러시교육협회(National Association for Media Literacy Education, 2021, 2-5)는 미디어 리터러시 교육의 여섯 가지 원리를 제시하고 있다(표 8). 이 원리에서는 미디어 리터러시 역량을 기르기 위한 교육 지침을 제시하고 있다. 미디어 리터러시 교육은 기본적으로 의사소통의 모든 형식을 이용하여 접근, 분석, 평가, 창조와 행동하는 능력을 기르고자 한다. 미디어 리터러시 교육은 오늘날 모든 사람들이 창의적인 사고자, 효과적인 의사소통자와 능동적 시민이 되는 데 필요한 탐구 습관과 표현 기술을 기르는 데 도움을 주고자 한다.

미디어 리터러시 교육의 원리 중에서 1원리의 '메시지에 대한 비판적 사고', 4원리의 '민주사회에 필수적인 정보화된, 반성적인, 그리고 적극적인 참여자의 육성', 그리고 6원리의 '자신의 기술, 신념과 경험을 사용한

〈표 8〉 미디어 리터러시 교육의 기본 원리

원리	내용
1원리	미디어 리터러시 교육은 우리가 수용하고 창조하는 메시지에 관하여 적극적인 탐구와 비판적 사고를 요구한다.
2원리	미디어 리터러시 교육은 리터러시(예: 읽기와 쓰기)의 개념을 모든 형태의 미디어까지 확장한다.
3원리	미디어 리터러시 교육은 모든 연령의 학습자를 위하여 기술을 세우고 강화한다. 읽고 쓰는 능력(print)의 리터러시처럼, 이 기술은 통합적인, 상호작용적인, 그리고 반복적인 연습을 필요로 한다.
4원리	미디어 리터러시 교육은 민주사회에 필수적인 정보화된, 반성적인, 그리고 적극적인 참여자를 육성한다.
5원리	미디어 리터러시 교육은 미디어가 문화의 일부이고, 사회화의 주체로서 기능을 한다는 점을 인식한다.
6원리	미디어 리터러시 교육은 사람들이 미디어 메시지로 자신의 의미를 구성하기 위하여 자신들이 가진 기술, 신념과 경험을 사용한다는 점을 확신한다.

National Association for Media Literacy Education, 2021, 2-5

미디어의 구성'을 살펴볼 필요가 있다. 여기에서는 비판적 리터러시 시민성에서 중시하는 비판과 함께 생성에 해당하는 소통, 참여를 강조하고 있다. 특히 4원리의 내용은 시민교육과 관련이 깊다. 여기서는 미디어를 통하여 다양한 관점의 인정과 존중, 미디어 사용의 책임과 윤리, 미디어의 영향, 영향력 있는 미디어의 생성, 일상에서의 실천 등을 강조하고 있다. 이 점들은 미디어를 통한 리터러시 시민성의 비판적 분석과 참여와 실천이라는 시민교육의 두 축을 잘 담고 있다.

다음으로 조셉 윌리엄스, 그레고리 콜럼(2021, 72-73)은 21세기 민주시민을 위한 비판적 사고를 위한 논증 기술을 제시하면서 비판적 사고 기능을 제안하였다(표 9). 이것은 비판적 리터러시 시민성의 중요한 기능인 비판의 기능을 실천하는 데 큰 기여를 할 수 있다.

지금까지 다양한 연구 사례를 통하여 비판적 리터러시를 살펴보았다. 이들은 비판적 리터러시에서 공통적으로 비판적 분석 과정과 이의 생성

〈표 9〉 비판적 사고 기능

---

1. 핵심 요점이 무엇인가? 뭘 주장하고자 하는가? 나에게 어떤 행동/각성을 촉구하는 것인가?
2. 내가 그 주장에 동의해야 하는 이유는 무엇인가? 주장을 뒷받침하기 위해 어떤 이유를 제시할 수 있는가?
3. 그 이유들이 타당하다는 것은 어떻게 알 수 있는가? 어떠한 사실에 기반한 것인가? 어떤 근거가 그런 이유를 뒷받침하는가?
4. 그런데 …한 경우는 생각을 해 보았는가? …라고 말하는/주장하는/반대하는/설득하는 사람에게는 뭐라고 할 것인가? 내 주장에 대한 다른 견해나 반론을 알고 있는가? 이에 대해 어떻게 대응하고 반박할 것인가?
5. 이러한 주장의 논리는 무엇인가? 당신이 제시한 이유가 주장을 뒷받침하는 것은 어떤 가치관/신념/원리/이데올로기 위에서 작동하는 것인가?

조셉 윌리엄스, 그레고리 콜럼, 2021, 72-73

과정을 중심으로 비판적 리터러시 시민성을 제안하였다. 여기서 비판적 분석은 미디어 등을 통해서 접한 사건, 쟁점, 문제 등을 읽어내고, 다양한 관점을 비교하고, 타자의 관점이나 입장을 존중한다. 이 과정에서는 평가와 해석과 판단 활동을 동반한다. 그리고 생성 과정에서는 자신의 의사결정을 통하여 자신의 텍스트를 생성하고, 이를 타자나 타문화와 소통을 한다. 그리고 참여와 실천을 강조하면서, 시민으로서 자신이 생성한 텍스트를 바탕으로 사회문제, 사건, 쟁점 등에 적극적으로 관심을 갖고 참여하고 실천함으로써 공공의 이익을 도모하고 궁극적으로 공동체의 발전을 이끌어 내도록 실행해 간다. 이를 통해서 볼 때, 비판적 리터러시의 비판과정은 비판적 리터러시 시민성의 필요조건이고, 생성 과정은 충분조건에 해당한다. 비판적 리터러시 시민성은 비판적 분석과정과 참여와 실천을 강조하는 생성과정의 결합을 통하여 완성된다고 볼 수 있다.

5. 결론

지금은 비판적 리터러시 시민성의 시대이다. 민주시민의 역량은 문해력을 토대로 자기를 성찰하고 사회현상을 고찰할 수 있는 '비판적 시민성'과 이를 통해 타자와 세계를 이해하고 소통하는 '공감적 시민성', 그리고 비판의식과 타자 공감을 통한 참여하는 '연대적 시민성'(김슬기, 2021, 874)으로 정리할 수 있다. 이를 비판적 리터러시로 보면, 비판적 시민성은 비판 과정에, 공감적 시민성과 연대적 시민성은 생성 과정에 해당한다.

비판적 리터러시 시민성은 비판적 시민성과 공감적, 연대적 시민성으로 압축할 수 있다. 비판적 시민성과 공감적, 연대적 시민성을 실천하기 위해서는 비판적 의식이 절대적으로 필요하다. 비판적 의식은 비판적 사유, 비판적 사고, 정치적 효능감(김영순, 2021, 48)을 갖추어야 한다. 독단적인 생각과 편견에서 벗어나서 합리적이고 논리적으로 분석하고 판단하는 사고의 과정(김영순, 2021, 49)인 비판적 사고는 사회 문제에 대한 해결책을 모색하고 합리적인 의사결정에 이르면 사회 변화 방법을 모색하기 위한 도구(김영순, 2021, 51)이자 통로이다. 비판적 사고를 토대로 한 비판적 의식은 세계를 적극적으로 살펴보고 그 세계에 능동적으로 참여하고자 하는 마음의 준비를 가다듬는 행위이다. 비판적 시민성을 바탕으로 세계를 비판적으로 분석, 해석과 평가를 하고, 비판의 결과를 타자와 공유하고 소통하여 세계의 문제에 연대하여 참여하고 실천하는 의식이나 역량을 갖추도록 하는 행위가 바로 비판적 리터러시이다. 더 나아가 시민이 스스로 주체가 되어 세계를 읽어내고 그 안의 문제에 적극적으로 참여하고자 하는 역량인 비판적 리터러시를 갖출 때 우리 사회를 더욱 지속가능한 사회로 만들어 낼 수 있다. 비판적 리터러시 시민성은 "현실에 비판적으로 개입할 수 있는 힘이며, 궁극적으로 그 힘을 통해 현실의 변화에 능동적으로 참여"(여건종, 2011, 113)하도록 하는 장치이자 추동력이다.

비판적 리터러시 시민성은 우리가 추구하는 민주시민교육의 지향점과도 함께하고 있다. 교육부(2018)는 민주시민교육을 비판적 사고력을 가지는 주체적 시민이 민주주의 가치를 존중하고, 상생할 수 있도록 하는 민주시민으로서의 역량을 향상시키는 교육으로 정의(김현진 외 6인, 2020, 478)하였다. 그리고 민주시민교육의 주요 역량을 '민주주의의 기본원리와 핵심가치에 대한 지식과 이해', '타인의 권리와 존엄성을 존중하고 다원성을 인정하는 시민적 관용', '공공생활에 적극적으로 참여하고 실천하는 시민적 효능감', '사회정치적 문제를 객관적으로 파악하는 비판적 사고력', '대화와 토론으로 문제를 해결할 수 있는 능력과 기술'과 '약자를 보호하고 정의와 상생의 원칙에 따른 협력과 연대'로 제시하였다. 민주시민교육은 '민주주의의 기본원리와 핵심가치에 대한 지식과 이해', '타인의 권리와 존엄성을 존중하고 다원성을 인정하는 시민적 관용'이라는 이해를 바탕으로, '사회정치적 문제를 객관적으로 파악하는 비판적 사고력'이라는 비판 과정을 수행한 후, '대화와 토론으로 문제를 해결할 수 있는 능력과 기술', '공공생활에 적극적으로 참여하고 실천하는 시민적 효능감', '약자를 보호하고 정의와 상생의 원칙에 따른 협력과 연대'라는 생성과정을 통하여 비판적 리터러시 시민성을 실현하고자 한다.

시민들은 비판적 리터러시 시민성을 개발하여 시민사회를 구축하고자 노력해야 한다. 비판적 리터러시 시민성은 우리 사회의 보편적 가치, 다양성 존중, 생태적 조화, 지속가능성 등을 실현해 나가는 데 있어서 구체적인 실천 역량을 강화해 줄 것이다.

참고문헌

교육부, 2018, 민주시민교육 활성화를 위한 종합계획.
김슬기, 2021, 시민성 함양을 위한 문학비평 수업 사례 연구, **학습자중심교과교육연구** 21(17), 871–889.
김영순, 2021, **시민을 위한 사회·문화 리터러시**, 하남: 박이정.
김은영, 서재영, 유미해, 장지은, 함은혜, 김성봉, 2020, **교원양성기관에서의 창의력과 비판적 사고력: 수업사례 및 교수학습지원을 중심으로**, 한국교육개발원, 연구보고 RR 2020-13.

김은영, 이은주, 서재영, 송효준, 변현정, 장지은, 함은혜, 2021, **초·중등 예비교원의 창의력과 비판적 사고력-수업 및 평가 전략을 중심으로-**, 한국교육개발원, 연구보고 RR 2021-11.

김현미, 2018, 문해력 향상을 위한 미국 교육 동향: CCSS, C3 Framework, 그리고 지리교육, **한국지리환경교육학회지** 26(4), 121-144.

김현진, 김현영, 김은영, 류향승, 김보윤, 박희락, 최미애, 2020, 민주시민육성을 위한 미디어리터러시 역량의 의미와 정규교육과정 통합 방안, **학습자중심교과교육연구** 20(11), 473-500.

배화순, 2019, 데이터 리터러시의 사회과 교육적 함의, **시민교육연구** 51(1), 95-120.

설규주, 2021, 사회과 교육과정 속 미디어 리터러시 관련 내용 분석, **시민교육연구** 53(2), 63-96.

안정임, 서윤경, 김성미, 2013, 청소년의 디지털 시민성에 관한 연구: 미디어 리터러시와 교육경험의 영향력을 중심으로, **시민교육연구** 45(2), 161-191.

양병현, 2009, **미국의 리터러시 코칭**, 대교출판.

여건종, 2011, 포스트민주주의와 시민적 리터러시, **비평과 이론** 16(2), 109-130.

염경미 외 14인, 2021, **더불어 사는 민주시민**, 경기도교육청.

오경선, 2021, 비판적 리터러시를 통한 시민성 함양 가정과 교육과정 개발: 중학교 주생활 영역을 중심으로, **한국가정과교육학회지** 33(2), 57-80.

은지용, 2021, 사회 교과에서의 미디어 리터러시 교육, 추병완, 최윤정, 정나나, 신종섭, 은지용, 이윤정, 심소현, 황미애, 2012, **미디어 리터러시 교육의 이론과 실제**, 한국문화사, 127-153.

이경한, 2016, **사회과 지리수업과 평가(제3판)**, 교육과학사.

이광성, 2014, **생각을 담는 수업: 비판적 사고 기능 익히기**, 강현출판사.

이숙정, 양정애, 2017, 뉴스 리터러시가 의사소통 역량과 공동체 역량에 미치는 영향, **한국방송학보** 31(6), 한국방송학회, 152-183.

장의선, 김기철, 박진용, 박태준, 이인태, 강대현, 2020, **학교 수준 민주시민교육을 위한 교육과정 개선 방안**, 한국교육과정평가원, 연구보고 RRC 2020-3.

정소민, 김영순, 2015, 시민교육 패러다임 모색을 위한 프락시스 개념 탐구, **시민교육연구** 47(4), 241-271.

조셉 윌리엄스, 그레고리 콜럼 저, 윤영삼 역, 2021, **논증의 탄생: 21세기 민주시민을 위한 비판적 사고, 토론, 글쓰기 매뉴얼**, 크레센도.

최숙기, 2019, 민주시민역량 측면에서의 청소년의 미디어 리터러시 수행 양상 연구 – 사회적 참여 요소와 책임감 있는 미디어 사용 요인을 중심으로, **청람어문교육** 71, 389–422.

최정순, 2015, 시민교육을 한 미국 사회과의 노력 – C3 framework의 탐색, **교육과정평가연구** 18(1), 61–82.

차경수, 모경환, 2008, **사회과교육**, 동문사.

추병완, 2021, 도덕 교과에서의 미디어 리터러시 교육, 추병완, 최윤정, 정나나, 신종섭, 은지용, 이윤정, 심소현, 황미애, **미디어 리터러시 교육의 이론과 실제**, 한국문화사, 11–54.

추병완, 최윤정, 정나나, 신종섭, 은지용, 이윤정, 심소현, 황미애, 2021, **미디어 리터러시 교육의 이론과 실제**, 한국문화사.

한국교육개발원 역, 2012, **21세기 핵심역량: 이 시대가 요구하는 핵심 스킬**, 학지사.

한국언론재단 편집부, 2005, **미디어와 인간(중학교용)**, 한국언론재단.

허수미, 2021, 디지털 미디어 시대의 사회과 리터러시 교육, *Brain, Digital & Learning* 11(2), 한국교원대학교 뇌기반교육연구소, 165–181.

Deluca, V. W., Lari, N., 2011, The GRID C project: Developing students' thinking skills in a data-rich environment, *Journal of Technology Education* 23(1), 5-18.

Erwin, R., 2015, Data literacy: Real-world learning through problem-solving with data sets, *American Secondary Education* 43(2), 18-26.

Hammond, C. F., 2010, *Envisioning Competence: Learning, Problem Solving, and Children at Work in the Exploratory Bicycle Shop*, UC Berkeley Electronic Theses and Dissertations.

JISC, 2012, *Developing Digital Literacies: Briefing Paper,* Retrieved from http://www.jisc.ac.uk/media/documents/publications/briefingpaper/2012/Developing_Digital_Literacies.pdf.

Laster, J. f., 2008, Nurturing critical literacy through practical problem solving, *Journal of the Japan Association of Home Economics Education* 50(4), 261-271.

Lewison, M., Flint, A. S., Van Sluys, K., 2002, Taking on critical literacy: The journey of newcomers and novices, *Language Arts* 79(5), 382-392. Retrieved from http://www.jstor.org/stable/41483258

McClain, K., Cobb, P., Gravemeijer, K., 2000, *Supporting Students' Ways of Reasoning about Data*, US Department of Education, Office of Educational Research and Improvement, Educational Resources Information Center.

National Association for Media Literacy Education, 2021, *Core Principles of Media Literacy Education in the United States*. Retrieved from https://namle.net/wp-content/uploads/2021/06/Core-Principles.pdf.

National Council for the Social Studies, 2017, *The College, Career, and Civic Life (C3) Framework for Social Studies State Standards: Guidance for Enhancing the Rigor of K-12 Civics, Economics, Geography, and History*, Silver Spring, MD: National Council for the Social Studies. Retrieved from https://www.socialstudies.org/sites/default/files/2017/Jun/c3-framework-for-social-studies-rev0617.pdf.

UNESCO, 2017, *Conference on Digital Citizenship Education in Asia-Pacific: Outcome Document*. Retrieved from https://en.unesco.org/sites/default/files/dkap-conference-outcome-mar 2017.pdf.

Vahey, P., Rafanan, K., Patton, C., Swan, K., van 't Hooft, M., Kratcoski, A., Stanford, T., 2012, A Cross-disciplinary approach to teaching data literacy and proportionality, *Educational Studies in Mathematics* 81(2), 179-205.

2장

미래 사회의 세계 시민 양성을 위한 리터러시 교육의 방향

서현석

전주교육대학교 국어교육과 교수

1. 미래의 교육, 왜 리터러시에 주목하는가

지금 우리는 인공지능으로 대표되는 4차 산업혁명 시대를 살아가고 있다. 2016년 세계경제포럼(WEF: World Economic Forum)에서는 4차 산업혁명(The Fourth Industrial Revolution)을 "빅 데이터 분석, 인공지능, 로봇공학, 사물 인터넷을 비롯한 여러 분야에서 이루어지는 새로운 기술 혁신 및 그로 인하여 물리적, 생물학적, 디지털 세계가 모두 융합되는 초연결 혁명"의 개념으로 설명하였다(Schwab, 2016). 4차 산업혁명은 정치, 경제, 사회, 교육, 문화 등 여러 영역에 변화를 불러일으켰으며, 교육계에서도 "사회의 변화와 요구에 부응하기 위해서 미래 세대는 어떤 역량을 갖추어야 하는가?"에 큰 관심이 쏟고 있다.

그렇다면 미래를 향하고 있는 우리에게 좋은 교육은 어떤 모습을 의미

할까? 이에 대한 해답은 유네스코에서 제시한 교육에 관한 의제를 그 출발점으로 삼을 수 있다. 2015년 이전 국제사회는 두 가지 축의 교육 의제를 가지고 있었는데, 하나는 2001~2015년까지 15년간 지속된 새천년개발목표(MDGs: Millenium Developmental Goals)에 포함된 '보편적인 초등교육의 달성'이고, 다른 하나는 1990년에 시작된 '모두를 위한 교육(EFA: Education for All)이다. 이들은 2015년 유엔이 채택한 지속가능개발목표(SDGs: Sustainable Development Goals)로 통합되었다. SDGs는 교육뿐만 아니라 지금까지 흩어져 있었던 많은 국제의제를 하나로 통합한 것으로, 2015년 9월 유엔개발정상회의에서는 채택되어 향후 15년간 국제사회의 중요한 정책의 기초를 이루고 있다(박은혜, 2017).

이러한 세계 교육의 동향은 우리나라에도 상당한 영향을 주었고, SDGs의 교육 부문 전반에 대한 목표로서 '포용적이고 공평한 양질의 교육 보장과 모두를 위한 평생학습의 기회 증진'을 2022년 개정 국가수준 교육과정 연구에서도 중요하게 반영하고 있다. 미래 사회를 위한 역량 중심의 교육의 대략적인 내용인 〈표 1〉은 미래를 준비하는 우리 교육이 개인과 사회의 '성공(success)'을 넘어서 '잘 삶(well-being)'을 지향하는 역량 중심으로 지속가능발전목표를 달성하고자 함을 보여 준다. 그리고 구체적인 교육의 지향점은 '변혁적 교육(transformation education)', '포용적 교육(inclusive education)'으로 요약된다.

먼저, 변혁적 교육은 그 안에 생명과 인간의 존엄성에 대한 존중, 평등한 권리와 사회적 정의, 문화적·사회적 다양성, 인류의 연대감과 공동의 미래에 대한 책임감의 공유 등을 포함하는 교육을 말한다. 또한, '포용'이란 의미는 '다름'이 차별과 배제의 대상이 아니라는 점을 의미하며, 다양

〈표 1〉 미래 사회 인재에게 필요한 역량

구분	'DeSeCo' 프로젝트(1997~)	'OECD 교육 2030' 프로젝트(2015~)
역량의 목표	개인과 사회의 '성공(success)'	개인과 사회의 '잘 삶(well-being)'
역량의 정의	특정 맥락의 복잡한 요구를, 지식과 인지적·실천적 기능뿐만 아니라 태도·감정·가치·동기 등과 같은 사회적·행동적 요소를 동원시킴으로써 성공적으로 중족시키는 능력	복잡한 요구를 충족시키기 위해 지식, 기능, 태도와 가치를 동원하는 능력 • 지식: 학문적, 간학문적, 인식론적, 절차적 • 기능: 인지적, 메타인지적, 사회적, 정서적, 신체적, 실천적 • 태도와 가치: 개인적, 지역적, 사회적, 글로벌
역량의 특징	'핵심(key)' 역량 • 경제적 활동에 중요한 역할, 개인적이고 사회적 유익을 야기하는 것 • 삶의 광범위한 맥락에서 적용될 수 있는 것 • 모든 개인에게 중요한 것	'변혁적(transformative)' 역량 • 학생들이 삶의 모든 영역에서 적극적으로 참여하면서 보다 나은 방향으로 영향을 미치려는 책임의식 • 학생들이 혁신적이고 책임감 있으며 의식적인 사람이 되는 데에 필요한 것
역량의 범주	• 여러 도구들을 상호작용적으로 사용하기 • 이질적인 집단에서 상호작용하기 • 자율적으로 행동하기	• 새로운 가치 창출하기 • 긴장과 딜레마 조장하기 • 책임감 갖기
역량의 핵심	성찰(reflectiveness)	학생 행위주체성(student agency)

노은희, 2021

성은 삶의 일부이며, 창조의 원천으로서 존중되어야 한다는 것을 강조하는 개념이다(유네스코 아시아태평양 국제이해교육원, 2017, 2). 미래의 교육 전반에서 학습자의 주체성과 책임감이 강조되며, 윤리 의식과 공동체 의식이 더욱 중요해질 것이다. 이러한 교육의 지향점은 우리나라의 교육과정 개정을 촉구하게 되었고, 교육부에서는 [그림 1]과 같은 내용을 골자로 새로운 2022년 개정 교육과정의 연구·개발에 박차를 가하고 있다.

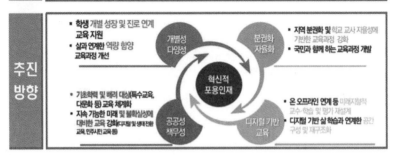

[그림 1] 국민과 함께하는 미래형 교육과정 추진 계획(안)
https://www.korea.kr/news/visualNewsView.do?newsId=148886800.

SDGs 시대의 개막과 함께 나타난 주목할 만한 변화 중 하나는 MDGs 에서 반영되지 않았던 '문해(literacy)'가 교육 분야의 추진 목표로 직접 반영되었다는 점이다. 즉, SDG4 달성을 위한 세부 목표의 하나인 SDG4.6 은 "2030년까지 모든 청소년과 상당수의 성인 남녀가 문해력과 수리력을 성취하도록 보장한다."를 세부 목표로 설정하였다. SDGs 속에서 문해는 "다양한 맥락 속에서 작성된 인쇄 자료나 기타 쓰여진 자료들을 활용하여 인식, 이해, 해석, 창조, 의사소통할 수 있는 능력"으로 정의된다. 여기서 문해는 단순히 읽고, 쓰고, 셈할 수 있는 능력을 보유하는 것을 넘어서 '연속적인 학습의 과정(a continuum of learning)'이며, 이를 통하여 개인이 지향하는 목적을 달성하고, 개인이 보유한 지식을 발전시켜 나아갈 뿐 아니라 지역 사회 및 사회의 일원으로서 역할을 충실히 수행할 수 있는 역량을 갖추는 것을 뜻한다(UNESCO, 2016, 47).

SDGs에서 "리터러시(literacy)에 주목하는 이유가 무엇인가"라는 질문에 대한 답은 「교육 2030 실행 계획」에서 좀 더 구체적으로 찾아볼 수 있는데, 리터러시가 바로 SDG4가 지향하는 '모두를 위한 평생학습'을 실현하기 위한 가장 기본적 영역이라는 것이다. 요컨대 미래의 교육정책에서 리터러시를 강조하는 이유를 한 마디로 설명하면, 리터러시는 "교육 받을 권리의 일부이며 공공선"(UNESCO, 2016, 46)을 의미하기 때문이다.

2. 리터러시와 세계 시민성 개념의 이해

가. 리터러시 개념의 진화

우리나라의 국어교육 영역에서 리터러시는 문식성, 문해력, 문식력 등으로 번역되며 다양한 의미로 진화해 왔다. 리터러시를 문해력으로 지칭하는 경우는 '문자(글자)를 읽고 쓸 수 있다'는 의미로 지금의 문식성 개념보다는 좀 더 좁고 단순한 개념으로 이해한 것이다. 한편 리터러시를 (기본) 소양으로 보는 경우는 문식성이 갖는 고유한 의미보다 좀 더 넓게 확장된 개념으로 사용한 것이다. 과거에 리터러시는 전체적 개념으로 문명화 정도를 표시하는 기본적인 척도인 문맹(illiteracy)의 반대 개념으로 쓰이기도 하였다. 현재 국어교육 연구 영역에서 리터러시는 문해력보다는 문식성으로 명명되는 경우가 좀 더 많다. 문식성의 개념과 관련하여, 노명완, 이차숙(2006)은 문식성(文識性)이란 명칭이 '문식(文識)'에 '성(性)'을 함께 붙여 현재 통용되는 개념을 학술적으로 잘 표현할 수 있다고 언급한 바 있다.

문식성을 국어교육 영역 내 단행본의 제목으로 내세운, 노명완 외 (2008)의 저서에서는 문식성을 "언어를 중심으로 한 다양한 기호의 이해와 조작 능력, 기호의 작용에 대한 비판적 인식을 바탕으로 텍스트를 이해하고 디자인하며 유통하는 실천적인 힘"으로 정의하였다. 리터러시는 '문(文: liter)'으로 인해 처음에는 문자 해독 능력에 국한되었다가 현재는 언어 또는 매체를 통한 표현 및 이해 능력을 뜻하는 좀 더 포괄적 개념으로 쓰이고 있다. 리터러시는 전통적으로 읽기 교육과 관련된 분야에서 사용되었으며 '글을 아는 것' 정도를 의미하였다가 점차 의미가 확장되고 있다.[1]

앞에서 언급한 SDGs에서 제시된 리터러시 개념의 진화는 4차 산업혁명으로 대표되는 오늘날 사회의 급격한 기술, 사회 변화를 고려한다면 필연적이다. SDG4 이전의 EFA에서 문자 해득에 한정된 좁은 의미의 리터러시에 초점을 맞추다 보니, 일상생활에 필요한 생활 기술, 기초 수준의 직업 기술교육과 관련된 기능 문해의 중요성이 간과되었다는 비판에 대한 수용의 결과(유성상 외, 2011)이기도 하다. 현재 우리나라의 문해 교육 관련 정책에서도 문해의 개념을 단순히 읽고 쓰는 능력을 넘어 포괄적 역량 차원에서 정의하는 관점을 적용하고 있다.

한편, 우리나라의 평생교육법(제2조 3항)에서 문해는 "일상생활을 영위하는 데 필요한 문자 해득(文字 解得) 능력을 포함한 사회적·문화적으로 요청되는 기초생활능력"으로 정의되며, 여기에서 일상생활은 가정생

---

1. 리터러시(literacy)의 개념을 엄밀하게 정의하자면 좀 더 깊고 다양한 논의가 필요하지만, 이 글에서는 이를 문식성, 문해력, 문식력, 문해 등으로 번역한 선행연구의 내용을 그대로 인용하였다.

활, 경제생활, 공공생활, 여가생활, 미디어 생활 등으로 다양하게 고려하고 있다(국가평생교육진흥원, 2015). 여기에서 주목할 점은 ① 문해의 개념이 기초적인 문자 해득의 수준을 넘어서 정의되고, ② 문해((literacy) vs 문맹(illiteracy)의 이분법적 접근을 넘어 연속적인 능숙 단계(continuum of proficiency levels)로 그 수준을 판단하는 접근으로 바뀌었다는 점이다. SDGs에서는 이를 기능적 문해의 개념으로 설명한다. 즉, 기능적 문해(Functional Literacy)란, "그 자신이 속한 집단과 지역 사회가 효과적으로 기능할 수 있도록 하는 데 필요한 활동을 수행하며, 그 자신의 발전과 지역 사회의 발전에 필요한 읽기, 쓰기, 계산하기 능력을 지속적으로 갖출 수 있는 능력"(UNESCO, 2016)으로 규정된다.

허쉬(Hirsch, 1988, 1-2)에서는 '문화적 문식성'을 말하였는데, 경제적 번영뿐만 아니라 사회 정의(social justice)와 효과적인 민주주의를 성취하기 위한 높은 단계의 문식성에 도달하는 것을 목표로 해야 한다는 것이다. 그에 따르면, 문화적 문식성이란 일종의 세계 지식 또는 배경 정보 등을 가리키는 기본적인 읽고 쓰는 기술적 능력을 넘어서서 한 사회가 공유하고 있는 사회·문화적 정보와 지식, 맥락 등을 습득하는 것을 의미한다. 박영목(2003)은 '2025년을 향한 과학기술발전 장기 비전(과학기술부, 1999)'을 인용하며 국어 문식성과 관련하여 21세기의 지식 정보화 사회로의 이행 과정에서 보편적인 현상들을 정리하여 미래 시대를 예측한 바 있다. 그중에서 '기존의 도덕 중심의 사회규범이나 집단 중시 원칙보다는 논리성과 합리성과 효율성을 중시하는 개인 중심 사회로 빠르게 전환할 것' 그리고 의식 구조의 차이로 인한 세대 간 갈등의 골이 심화되고, 가족 관계의 변화의 급속화, 가상 공간을 이용한 사이버 사회의 출현으로 가치관의 혼란이 초래 등의 이유로 '사회적 문제 확대와 과학기술과 생명, 윤리, 안전성 등 인간의 존엄성에 대한 위협이 증대될 것'이라는 지적은 지금의 상황과 잘 들어맞는다.

2004년 캐나다 온타리오주 교육청의 연구 보고서, 학습을 위한 문식성 (Expert Panel on Literacy in Grades 4 to 6 in Ontario, 2004)에서는 "문식성이란, 아이디어를 읽고, 쓰고, 듣고, 말하고, 보고, 비판적으로 생각하고 표현하기 위하여 매우 다양한 형태의 언어와 이미지를 사용하는 능력"이라고 정의하였다. 또한, 랭크셔와 노벨(Lankshear, Knobel, 2006, 61-93)은 신문식성(new literacy)이라는 명명으로, 그 개념을 현대사회 기술의 발달에 따른 '인식 방법, 유의한 내용, 코드화된 텍스트, 구성원으로서 대화 참여의 맥락 등'으로 설명한 바 있다. 이러한 논의들은 모두 문식성이 그 시대의 문화와 기술 발달 등과 연동되어 특정 사회에서 구성원에게 '무엇을 기본적인 교양 혹은 핵심적인 지식으로 요청하는가?'와 연관되어 있음을 보여 준다. 이런 면에서 문식성은 기본적으로 사회적이고 문화적인 개념이다(박윤경, 2007, 105-106).

바턴(Barton, 2006)은 문식성이 진공 상태에서 일어나는 것이 아니라 언제나 광범위한 사회적, 문화적, 역사적 맥락 안에서 역동적으로 작용한다며 생태학적 관점에서 논의해야 한다고 주장하였다. 이에 대해 원진숙 (2019)은 문화 융합 사회의 문식성 교육 문제를 사회문화적 환경과의 상호 작용적 관계로 파악하는 생태학적 관점에서 살펴보면, 언어 접촉을 통해서 불거지는 언어 간 다양성과 차이의 문제, 다수자와 소수자의 언어 사이에 존재하는 힘의 우열 문제 그리고 이 언어들을 사용하는 사람들의 정체성 문제를 좀 더 통찰력 있게 접근할 수 있다고 하였다. 이제 문식성 개념은 단순히 읽고 쓰는 능력으로서의 좁은 개념이 아닌 "특정한 사회 문화적 맥락 속에서 다양한 기호 자원을 활용하여 세상과 소통하는 힘"(정혜승, 2009)으로 보아야 하며, 마치 환경 생태계처럼 여러 층위의 다양한 관계 속에서 연동되는 것으로 여겨진다.

최근 국어교육뿐만이 아니라 여러 교과 교육 영역에서 강조되는 문식성의 한 측면은 바로 '비판적 문식성(critical literacy)'이다. 이는 사고, 문제해결, 의사소통 등의 모든 형식 안에서 비판적 사고력을 의미한다. 비판적 문식성은 단지 읽고 쓰는 능력뿐만 아니라 권력과 지배 사이의 관계를 이해하기 위해 텍스트를 평가하는 능력(Harris, Hodges, 2005, 49)이다. 이러한 논의 속에서 문식성 교육은 '새로운 매체에 대한 읽기와 쓰기'와 같이 새로운 환경에서 문식 능력을 고려하고 있으며, 문식 활동의 측면에서 쓰기나 말하기와 그 밖의 매체 제작과 같은 '표현'과 '소통'을 통해 좀 더 주체적으로 이를 신장시켜 나갈 방법을 모색하는 중이다.

박영목(2008)은 문식성을 수행적 측면(문자의 결합 방식에 대한 이해, 문자소와 음소의 대응 방식과 대응 정도에 대한 이해, 표기 규칙의 적용 방식에 대한 이해, 글씨 쓰기와 컴퓨터 자판 이용하기 등), 문화적 측면(문식 활동과 문식 학습이 단순히 언어와 기술 체계를 작용 가능한 것으로 만드는 일 이상의 것), 비판적 측면(맥락과 역사와 힘에 대한 명시적 고려가 중시됨)으로 설명한 바 있다. 이에 관하여 윤여탁(2015)은 우리나라 국어교육에서 문식성의 개념이 "기능적 문식성을 넘어 문화적 문식성, 비판적 문식성 개념을 도입할 수 있는 기반을 마련하였다"고 평가하였다. 그에 따르면, 한국의 국어교육은 문식성 교육에서 기능적 문식성을 지양하고 이를 극복하는 흐름과 과정을 보여 준다. 특히 기능적 문식성을 반성하는 차원에서 이루어진 문화적 문식성, 매체 문식성, 비판적 문식성이라는 한국에서의 문식성 논의 과정은 대안, 확대, 전망이라는 핵심어로 정리될 수 있으며, 궁극적으로 문식성 교육은 여러 가지 문식성의 개념이 통합되어 진행될 전망이다(윤여탁, 2015).

이상으로 국어교육 연구 영역에서 문식성 개념의 발전 과정을 간략히 살펴본 내용을 요약하면 다음과 같다. 먼저, 전통적인 리터러시는 '글을 읽고 쓸 줄 하는 능력'을 뜻하는 문자 언어 중심의 개념이었지만, 현재의 리터러시는 문자, 구두, 매체 언어 등을 포함하며 타인과의 의사소통을 가능하게 하는 문제해결 능력으로 진화하여, 문화적, 비판적, 실천적 개념을 함의하게 되었다. 리터러시의 개념은 마치 살아있는 유기체처럼 인간 사회의 변화·발전과 함께 지속적으로 진화하면서 그 안에 지식에 대한 새로운 사고와 사회적 요구를 담아내고 있다. 그러나 개념의 확장과 변화에도 불구하고 변하지 않는 것이 있다면, 리터러시가 한 사회에서 요구하는 기본 지식 혹은 교양에 대한 사고와 밀접하게 연관되어 있다는 점이다. 더불어 리터러시가 다양한 매체를 사용하는 의사소통, 그리고 특정 집단의 문화와 가치를 포함하는 것으로 그 의미가 확장됨에 따라 새로운 개념의 리터러시가 점점 더 깊이 우리 삶에 관여하게 될 것이다.

나. 세계 '시민(성)'의 개념과 교육적 시사점

알려진 바와 같이 마샬 맥루한(Marshall Mcluhan)은 급변하는 미디어의 기술적 발전이 가져다주는 문화의 발전이 지구를 하나의 마을로 묶어줄 것으로 예측하면서 1965년 '지구촌'이라는 단어를 처음 사용하였다.

20세기에 발의한 그의 예측은 적중했고 전 지구적 차원에서 세계화(glo-balization)와 지방화(localization)가 동시에 진행되면서 글로벌 공동체라는 하나의 세계적 활동 무대가 가시적으로 형성되었다. 실제로 21세기에 가속화되고 있는 글로벌화의 촘촘한 관계망과 상호 영향력은 정치, 경제, 문화 그리고 교육의 제 측면에서 나타나고 있다(김진희, 2015). 그리스의 경제 파산과 영국의 유럽 연합 탈퇴 같은 굵직한 국제 뉴스들이 먼 나라 일로 치부되는 것이 아니라 우리나라의 외환 및 주식 시장에 파장을 형성하고, 일상생활세계에 영향을 미친다. 시리아 내전으로 인해서 삶터를 잃은 국제 난민도 한국에 유입되기 시작했으며 난민 지위를 인정받은 시리아 출신 소년이 전라도의 한 초등학교에 입학하게 되는 사례가 소개되면서 우리나라의 다문화 교육을 되돌아보는 계기들이 더욱 빈번하게 발생하고 있다(김진희, 차승한, 2016). 글로벌 정체성과 국가 정체성이 상호보완적으로 작용하는 다중정체성을 지닌 융합적 인재 육성이 필요한 현시점에서 한국적 사회 상황에 맞는 세계 시민성에 대한 개념 정립이 요구되는 것이다(장의선 외, 2015).

이미 앞 장에서 언급한 바와 같이, 지금 세계의 교육은 미래의 세대(혹은 학습자들)에게 필요한 핵심 역량을 중심으로 서서히 전환되고 있다. 여기서 논의되는 핵심 역량은 범박하게 말하면, "미래 세대들이 세계 시민으로서 필수적으로 갖추어야 할 능력"이라 할 수 있다. 이러한 미래 교육의 변화는 필연적으로 '세계 시민은 어떠한 존재인가?'에 대한 생각을 자연스럽게 불러온다. 이와 관련하여 연구자들은 '세계 시민(성)'에 관하여 세계시민의식, 세계시민주의(cosmopolitanism), 지구시민의식(planetary citizenship), 글로벌시민의식 등 다양한 개념과 관점으로 논의해 오고 있다. 여기서는 몇몇 연구자들의 의견을 중심으로 그 내용을 간략히 살펴보고자 한다.

먼저, 나딩스(Noddings)는 세계 시민성을 정의하려는 시도가 상당히 어렵다고 하였다. 그러면서 "글로벌 생활방식은 있는가? 일부의 사람들은 글로벌 생활방식이 존재할 수 있을 뿐만 아니라 심지어는 존재해야 한다고 생각하지만, 자칫 그들이 생각하는 글로벌 생활방식은 그들만의 울타리에서 적용되는 방식 아닌가?"라는 질문을 제기했다(Noddings, 2005; 2009, 13). 그리고 나딩스는 세계 시민성이라는 단어가 자칫 공허한 담론이 되거나 지배 계층의 이데올로기를 확장하기 위한 하위 논리로 전락하지 않으려면 다음의 네 가지 측면에 유념해야 한다고 하였다. 즉, 세계 시민성을 정의하기 위해서는 첫째, 이기적 관심보다는 배려적 관심을 다루어야 한다. 이기적 관심은 나 자신 혹은 내가 속한 집단의 이익만을 바랄 뿐 세계 시민으로서 지녀야 하는 포용성을 담아내지 못하기 때문이다. 둘째, 경제성장에 역점을 둔 세계화가 지구 환경의 문제를 확장했다는 점에 주목해야 한다. 셋째, 세계시민의식을 단순히 경제적인 차원으로만 해석하려는 경향을 경계해야 한다. 경제적 정의뿐만 아니라 사회·문화적 정의에 관심을 가져야 한다. 넷째, 세계화의 개념을 글로벌 경제라고 할 때, 우리는 누가 제시한 경제적 비전(vision)이 채택되어야 하는지에 대하여 비판적으로 생각해 보아야 한다(Noddings, 2005; 2009, 13-18).

또한 나딩스에 의하면, 세계 시민성을 정의하기 위해서 반드시 선결해야 할 과제가 있다. 그것은 바로 배려적 관심을 촉진하려는 것으로 이해한 글로벌 시민의식이 국가적 시민의식(national citizenship)과 양립할 수 있는가에 대한 탐구이다(Noddings, 2005; 2009, 18). 이는 세계시민의식에 대한 근본적인 물음이라고 할 수 있다. 즉, 세계 시민성은 자신이 속한 지역적 정체성을 부정하고 보편적 시민성을 추구하려는 것인가? 아니면 보편적 가치에 헌신하면서도 자신이 속한 지역적 정체성을 담아낼 수 있는 것인가? 라는 물음에 어떤 답을 하느냐에 따라 그 개념과 세계 시민성의 관계에 대한 해석이 달라지기 때문이다. 더 나아가 시민성보다 세계 시민성이 우월한가 아니면 세계 시민성은 시민성의 발전 과정에서 필연적으로 거치게 되어 있는 필요조건인가? 라는 질문에 어떻게 답하는지에 따라 근대 이후 형성된 국민 국가에 대한 시각도 바뀌게 될 수 있다. 따라서 지역 중심 관점 혹은 보편 세계 중심 관점이라는 세계 시민성의 이중성은 무엇보다도 먼저 해결되어야 할 중요한 물음이다(김진희, 차승한, 2016).

박기범(2014)은 '세계 시민'을 전통 사회의 시민성과 마찬가지로 보고, 미래의 디지털 시민성이란 합리성과 도덕성, 실천성이라는 3대 요소를 두루 갖춘 시민을 뜻한다고 하였다. 그리고 그중에서도 합리성과 실천성이 크게 확대되고 도덕성의 비중이 줄어든 모습이 될 것이라고 예측한 바 있다. 그러나 임상수(2015)는 정보 사회가 초창기에 생각했던 것처럼 익명성이 보장되는 공간이 아니었고, 오히려 치밀한 기록과 흔적이 오래 남는 공간으로 밝혀지고 있다면서 이와 상반된 견해를 피력한다. 즉, 근래에 잊힐 권리를 둘러싼 논쟁에서 쉽게 확인할 수 있듯이, 사이버 공간에서의 언행에는 현실 공간에서의 그것보다 훨씬 더 엄격한 절제와 책임성이 따라야 하기에 디지털 시민성의 구성요소 중에서 도덕성은 위축되기보다는 좀 더 엄격하게 강조되고 확대될 것이라고 전망하였다.

디지털 네이티브로서 시민성을 논했던 김은미, 양소은(2013)은 행동하는 어린 시민의 등장을 촛불 집회에 등장한 청소년의 이미지로 소개하고 있다. 그 연구는 거시 정치보다는 미시 사회문제에 더 관심을 두고, 제도적 참여보다는 집회, 서명운동, 불매운동 등의 대안적 참여에 좀 더 적극적인 디지털 네이티브를 설명하면서 의무기반 시민성에서 새로운 형태의 참여적 시민성으로의 변화를 '참여적(engaged)이고 자발적(actualized)인 시민'으로 묘사한다. 그러나 '새로운 시민'들은 정치 운동에 참여하고 있다는 의식조차 없거나 이것이 미약한 경우가 많다고 지적한다. 즉, 미래를 주도할 시민들은 정치보다는 문화 운동으로서의 이벤트에 참여하여 적극적으로 즐긴다는 감각으로 이슈에 접근한다는 것이다. 또한 미래의 시민들은 지도부의 지휘를 따르거나 주어진 이념을 공유하고 제시된 의제 해결을 위한 토론에 몰입하는 것이 생리에 맞지 않는다고 보았다. 요컨대 미래 세대는 좀 더 주체적이고 능동적으로 스스로의 관심과 선택에 따라서만 기꺼이 관여하여 당사자가 되고, 문제와 목적, 수단과 과정을 모두 스스로 혹은 상호작용 속에서 창발적으로 생성하고 결정하여 추진해 나가는 역동적 실천자로서 시민이라는 것이다.

세계 시민성(global citizenship)의 개념에 관한 논의를 정리하며, 2016년 유네스코(UNESCO, 2016)에서 규정한 내용을 살펴보는 것은 유용할 것이다. 즉, 유네스코에서는 세계 시민성을 "보다 넓은 공동체에 대한 소속감과 보편적 인간성에 대한 자각"이라고 제시하였다. 그리고 이 개념에는 지역, 국가, 세계의 정치, 경제, 사회·문화적 상호의존성과 상호연계성이 강조된다고 하였다. 결국 미래 세대를 향한 세계 시민성이란 좀 더 넓은 시각으로 자신을 바라보고, 다양성을 수용하며, 보편적인 인간으로서 책임과 윤리적 자각을 중요시하는 관점이다. 또한 미래의 학습자들에게 접근 가능한 교육의 방식은 의사소통 과정을 통해 바람직한 가치와 올바른 선택을 가능케 하도록 자발적 의지를 기르고 주체적 판단력을 갖게 하는 것임을 시사해 준다.

3. 세계 시민 양성을 위한 리터러시 교육의 전망

가. 멀티리터러시

일찍이 한정선(2000)은 멀티리터러시의 이름으로 다중 미디어(multiple media)에 대한 교육이 이루어져야 함을 강조하면서, 멀티리터러시(Multiliteracy) 교육이 중요한 이유를 "비판적 사고력 함양, 다각적인 견해를 접하게 함으로써 민주주의 사회에 필수적인 다원주의와 합리성, 통찰력을 기르는 요체가 되기 때문"이라고 하였다. 현재까지 여러 연구자들은 대학의 글쓰기 교양 강좌나 각급학교 교육 현장에서 멀티리터러시와 교과 교육의 접점을 찾고, 그것들을 연결하기 위한 이론적 토대를 마련하는 한편, 구체적인 수업 모형 등을 제안하고 있다. 국내 멀티리터러시와 관련된 논의들만 살펴보아도 2000년 전후에 시작된 관련 이론의 개념적 소개와 적용 가능성에 대한 연구(한정선, 2000; 안정임, 2002)를 시작으로 최근에는 멀티리터러시 교육, 문화 교육을 포함한 언어 교육의 적용 사례, 다차원적 활용성(공성수 외, 2017; 박주연 외, 2017; 민춘기, 2018) 등 다양한 시도가 이루어졌음을 알 수 있다. 이러한 선행연구들은 미술, 사진, 광고, 영화 등 다양한 장르와 매체를 활용함으로써 글쓰기 능력이나 기타 교과

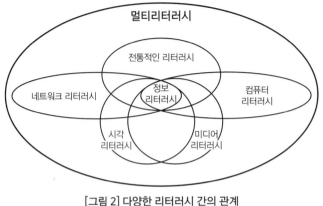

[그림 2] 다양한 리터러시 간의 관계

한정선, 2000, 169

교육 분야의 효과를 꾀하고자 한 것이다.

[그림 2]에 제시된 바와 같이 멀티리터러시는 "다양한 매체 기술을 통해 중층적으로 결합되고 매개되는 다양한 언어와 문화 및 사회적 담론을 통한 복합적 의미생성, 협상 능력을 중심으로 한 소통 능력"(New London Group, 1996; 정현선, 2005)으로 정의된다. 전경란(2015)에 의하면, 멀티리터러시는 이미지와 영상, 청각 정보 등 다양한 양식을 통한 복합적인 의미 생성 방식에 주목한다. 또한 거기에 함께 작용하는 소통 채널과 미디어의 복합성, 문화와 언어의 다양성, 사회적 담론에 대한 이해를 통해 일상생활 속에서 일어나는 다양한 의미작용에 능동적이고 비판적으로 참여할 수 있는 능력을 의미한다. 즉, 멀티리터러시는 현대적 일상을 살아가는 데 필요한 소통 능력의 총체라 할 수 있다.

요컨대 선행연구들은 미술, 사진, 광고, 영화 등 다양한 장르와 매체를 활용함으로써 글쓰기 능력이나 기타 교과 교육의 효과를 꾀하고자 하였다. 이러한 노력들이 지속되는 이유는 복합양식(multi modal) 매체를 비판적으로 이해할 뿐 아니라 자유롭게 활용할 수 있는 능력은 현대 사회를 살아가는 데 필수적인 능력이기 때문이다. 따라서 미래의 학습자들에게는 수많은 매체와 자료들 속에서 새로운 의미를 발견해 낼 수 있는 능력이 필요하며, 다양한 언어 양식의 의미작용에 대한 이해와 표현 능력의 향상은 미래의 시민교육에서 다뤄야 할 중요한 과제 중 하나다.

나. 리터러시 교육의 중핵으로서 사고력 함양

인간에게 있어 언어는 의사소통이나 표현의 가장 주요한 매개체 혹은 수단이었다. 즉, 언어는 타인과 의사소통하기 위한 가장 기본적인 방법으로 인간은 언어를 통하여 자신의 생각과 감정을 타인에게 전달하면서 자신이 어떤 사람인지를 표현하기도 하고, 다른 사람이 어떤 사람인가를 평가하기도 한다. 언어는 한 개인이 타인과 인간관계를 맺고, 상호작용을 촉진시키는 매개체이자(최기호 외, 2004), 인간성을 표현하는 하나의 수단이다(김한나, 2012). 이제 우리는 언어를 포함하여 다양한 이해와 표현의 수단으로써 멀티리터러시를 고려해야 하는 시대를 경험하고 있다. 그런데 언어 혹은 리터러시가 단지 생각과 감정을 전달하거나 인간성을 표현하는 수단이라고만 보는 것은 분명 문제가 있다. 즉, 특정한 방식의 언어 혹은 또 다른 매체로 표현한다는 것은 그에 대한 개념 형성과 함께 특정 방식으로의 사고방식이 전제되어야 하기에 '사고력' 혹은 '세계관'으로 보는 것이 좀 더 타당하기 때문이다. 그래서 [그림 3]에 제시한 것처럼 모든 리터러시의 중핵에는 인간의 사고가 존재하며, 그 사고의 힘을 길러주는 교육, 즉 사고력을 함양하는 것이 리터러시의 핵심이 된다고 보아야

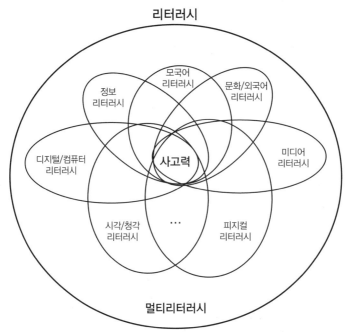

리터러시

모국어
리터러시

정보
리터러시

문화/외국어
리터러시

디지털/컴퓨터
리터러시

사고력

미디어
리터러시

시각/청각
리터러시

...

피지컬
리터러시

멀티리터러시

[그림 3] 사고력을 중심으로 한 리터러시의 구조

한다.

 그렇다면, 미래 사회의 지속가능발전교육에서 요청하는 리터러시에서 '사고력'은 어떤 성격의 것이어야 할까? 우선 지속가능발전교육의 의미를 되새겨 볼 필요가 있다. 이것은 더 이상 환경 교육의 지엽적인 주제가 아니며, 내가 머무는 지역이나 내 나라의 환경에만 국한된 문제가 아니다. 우리가 살아가는 모든 사회의 존속이 가능하도록 '함께 살아가는' 미래의 교육적 노력을 함께 기울여야 함을 말한다. 그리고 인간의 개인적·집단적 모든 활동과 관계를 서로 떼어 생각할 수 없으며, 다양하고 복잡한 유기적 그물망의 관계 속에 있다는 인식의 중요성(김진숙 외, 2016, 8)을 강조한다. 따라서 관계적이고 자기 존중과 이해, 타인과 세상에 대

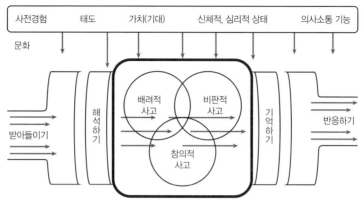

[그림 4] 세 가지 사고력을 포함한 의사소통 모형
서현석, 2019, 48을 수정함.

한 관심을 포함한 리터러시의 중핵에 위치하는 사고력에는 '배려적 사고'
가 필요하다. 이러한 제안은 [그림 4]와 같이 기존의 교육 영역에서 중점
적으로 다루어왔던 '창의적 사고', '논리적(비판적) 사고'에 더하여 반드시
'배려적 사고력'이 반영되어야 한다는 의미이다.

　예를 들어, 국어교육의 목적은 인지, 기능, 태도로서 별도의 독립적인
능력 습득이 아니라 세상을 이롭게 하려는 바람직한 관점의 국어 사용을
사회적 관계 속에서 수행할 수 있게 하는 데 있다. 그리고 국어교육의 목
적을 제시할 때 '우리는 왜 소통하는가?'에 대한 근본적인 질문을 해야만
한다. 누군가와 나의 기쁨과 슬픔을 진정으로 공유할 우리는 행복하다.
또한 내가 모르고 있었던 지식이나 방법을 알게 되었을 때, 제각각 달랐
던 의견이 하나로 모아지고 어떠한 결정을 내려야 할지 생각이 선명해지
는 순간, 우리는 비로소 안도하고 감사하는 마음이 된다. 결국 우리가 소
통하는 이유는 모두의 더 나은 삶을 위해서라고 할 수 있다. 아니 무엇을

위해서라기보다 소통하는 그 자체가 우리의 삶을 표상한다. 그래서 의사소통의 방식을 배우고 익힐 뿐만이 아니라, 더 나은 삶을 위한 의사소통이 무엇인지 그 목적에 대해 끊임없이 성찰하고 인식하는 것이 중요하다. 바로 그 성찰과 인식 과정은 배려적 사고에 의해 가능하다.

서현석(2018)에 의하면, 더 나은 판단과 의사소통의 과정에는 반드시 '배려적 사고'가 관여한다. 이는 AI 시대를 살아가는 우리에게 '인간다운 삶'을 추구하는 의사소통의 핵심사항이기도 할 것이다. 즉, 미래의 교육에서 지향해야 할 바람직한 리터러시란 배려적 사고의 관점에서 상대와 자신을 둘러싼 상황 맥락을 판단하고, 적절한 표현과 방법을 선택하여 서로의 의미를 이해하고 표현할 수 있는 능력이다. 이 능력은 특정 상황에서의 판단을 의미하는 '상위 인지적, 다차원적 사고'의 성격을 띤다. 모두의 더 나은 삶을 지향하는 리터러시 교육은 배려적 사고로 의사소통할 수 있도록 학습자를 돕는 역할을 담당해야 한다. 리터러시란, '나' 스스로를 배려하고 '너'의 인간됨을 존중하며, 진정한 인간다움을 추구하는 소통이 우리의 삶에 반영되고 확산되는 것을 체계적으로 계획하고 실행하는 일과 결코 다르지 않다.

부연하면, 배려적 사고는 범교과적 학습 능력으로서 리터러시 교육이 지향하는 학습자의 핵심적인 사고력이다. 여러 교과에서 언급하는 의사소통 능력 혹은 관계적 능력의 중핵에 해당되는 것이다. 이것은 점점 넓어져 가는 학습자 삶의 맥락에서 관계를 형성하고 조정하는 데 관여하고, 다양한 문화를 이해하고 수용하며, 실천하는 데에도 핵심적인 역할을 할 수 있다. 기존의 교육에서 강조해 온 창의적, 비판적 사고에 더불어 배려적 사고를 중심에 놓고, 이를 통해 운용되는 의사소통과 관련된 지식과

기능과 태도를 선정하고 배열할 필요가 있다.[2]

배려적 사고를 통해 의사소통할 수 있다는 것은 생각하는 주제에 대해 관심을 기울이고, 자신의 '인격적 준거'로서 관계들의 가치를 판단하고 그에 맞게 이해하고 표현함을 의미한다. 배려적 사고는 리터러시 활동에서 작동되는 근본적인 사고력으로, 개인과 사회의 정체성 형성과 문화 조성에 관여하는 의사소통의 중심부에 배치되어 비판적, 창의적 사고력과 더불어 교과 교육에서 좀 더 중요하게 다루어져야 할 것이다.

다. 문화적 리터러시 교육의 시작, 가족 문식성[3]

문화적 리터러시의 생태계를 고려한 실제적인 접근은 가정 내 상호작용에서 시작되어야 한다. 가정은 학습자의 리터러시 학습의 발생지로, 학습자의 일생에 거쳐 지속적으로 영향력 미치는 매우 중요한 교육적 환경이기 때문이다. 그러나 그동안 학교 교육의 영역에서는 가장 작은 단위의 사회, 혹은 리터러시의 생태계로 볼 수 있는 '가정 내 구성원의 다양성과 차이, 가족 관계 사이에서 힘의 우열 문제, 가족 구성원들의 정체성에 문제'에 관해서는 큰 관심을 기울여 오지 못했다. 하지만 가족 내의 의사소통의 문제를 건드리지 않고서, 교실 내에서 진행되는 리터러시 수업은 '진공 상태, 혹은 무균실'에서 외치는 공허한 원칙이 되기 쉬울 것이다.

---

2. 좀 더 구체적인 국어교육을 위한 '배려적 사고'의 개념과 의미에 관하여는 서현석(2007; 2016)을 참고할 수 있고, '배려적 사고'를 적용한 국어교육 연구의 구체적인 사례로, 박미영 (2009), 김성희(2009), 정혜영(2010), 윤천탁(2011), 김상한(2016), 구본관(2017), 서현석 (2019) 등을 들 수 있다.
3. 이 절은 서현석, 2022에서 발췌하였다.

[그림 5]은 한 건설회사의 광고 동영상의 첫 장면이다. 광고 동영상 속에서 한 여성과 한 남성은 서로를 사랑한다는 이유로 하나의 가족을 이루었지만, 마치 서로 다른 '문명'에서 온 것처럼 각자 이해할 수 없는 의사소통 양식을 사용함으로써 갈등하는 상황을 잘 보여 준다. 가정은 각각의 고유한 가족 문화 속에서 각자 체득한 의사소통 방식을 유지해 왔던 주체들이 만나 구성한 실제적인 의사소통의 현장이다. 그 속에서 가족들은 서로를 제대로 이해하지 못하여, 오해하였다가 다시 풀어내지만 이 힘든 과정을 또다시 반복하다가 결국에 관계가 깨어지기도 하고, 오히려 관계가 돈독해지기도 한다. 진정으로 가족 의사소통은 살아있는 의사소통의 생태계라고 할 수 있을 것이다.

가족 공동체로 구성된 한 가정의 가치와 문화는 곧 사회의 가치와 문화로 연결되며 건강하고 행복한 사회의 밑거름을 이룬다. 결국, 가정의 의사소통 문화는 곧 우리 사회의 의사소통 문화와 직결되는 것이다. 가정에서 가족과의 대화 속에서 의사소통 방식을 자연스럽게 익힌 초등 학습자는 학교에 입학하기 전부터 이미 가족 의사소통의 개별적 차이를 지닌 고유한 의사소통자로 성장하게 된다. 일상의 대화 속에서 개인의 의사소통

[그림 5] KCC 건설 스위첸_2020 TV CF '문명의 충돌'
https://www.youtube.com/watch?v=B0wcoNbqihc

적 특징은 가장 잘 드러나기 마련이며, 이 과정에서 학습자는 리터러시의 실체를 익혀나간다.

타인과의 의사소통과 문제해결 과정에 관여하는 리터러시는 특정 집단의 문화와 가치를 포함하며, 다양한 매체를 사용하는 소통의 여러 방식까지도 포함할 수밖에 없다. 이렇게 리터러시의 의미역이 확장됨에 따라 문자 언어뿐만 아니라 구두 언어 의사소통 역시 문식성의 개념에 포함되었다. 특정한 공동체의 문화와 가치는 구두 언어 측면에서 더욱 세밀하게 표현되며, 구두 의사소통은 가정에서의 생활을 비롯한 실제적인 삶의 소통에 직접적인 영향을 미치기에 지금 우리에겐 더욱더 중요하다. 우리의 삶에 작동하는 문화적 리터러시는 구두 언어 속에서 잘 드러나기 마련이다.

리터러시의 개념 변화와 함께 국어교육의 연구에서 다양한 유형의 문식성에 관한 논의(천경록, 2012; 이재형, 2012; 안부영, 2010; 이재기, 2009; 정민주, 2005; 박인기, 2002; 최인자, 2001)를 어렵지 않게 찾아볼 수 있다. 이 중에서 천경록(2012)의 연구에서는 공동체 문식성의 개념을 "공동체의 가치와 문화를 공유하고 소속감과 자존감을 느끼며 공동체 의식을 형성하는 독서 활동"으로 정의하여 시사점을 준다. 즉, 그 연구는 문식성을 독서 활동으로 한정하였지만, 공동체 문식성에 초점을 두고 가족 문식성에 대하여 언급하고 있다. '가족 문식성(family literacy)'이란 용어는 사람들이 가정이나 지역사회 등 삶의 공간에서 리터러시를 사용하고 배우는 다양한 방법을 함의한다(McGee, Morrow, 2005; Waskik, Herrmann, 2004). 이와 관련하여 서현석(2013)은 초등국어교육의 영역 내에서 가족 공동체의 리터러시 개념에 주목하여, 가족 문식성을 "가정이라는 물리·

심리 공간을 중심으로 학습자와 그의 가족 공동체 구성원이 그들을 둘러싼 사회 환경 구성원 간에 수행하는 모든 언어 의사소통 활동"으로 정의한 바 있다.

요컨대 가족 문식성은 사회 공동체를 구성하고 유지하는 데 근본적인 바탕이 되는 가족 공동체의 듣고 말하며 읽고 쓰는 의사소통의 방식 혹은 소통의 문화를 의미한다. 가족 문식성은 문자 언어 뿐만이 아니라 관계를 유지하기 위한 구두 언어 의사소통을 포함하는 공동체 문식성의 한 유형이다. 가족 문식성은 사회 공동체를 구성하고 유지하는 데 매우 중요한 밑바탕이며, 가족의 문화와 그를 둘러싼 사회문화적 맥락을 반영하고 학습자를 비롯한 사회 구성원의 삶에 지대한 영향력을 미치는 리터러시의 실제적인 환경이다. 따라서 가족 문식성은 리터러시 교육을 구체화하는 내용과 방법의 실행 국면에서 적극적으로 활용될 필요가 있다.

4. 문화, 관계, 윤리적 관점의 실천적 능력을 지향하는 리터러시 교육

문명적 삶의 '8할'은 읽고 쓰고 생각하고 대화하고 협력하고 판단하는 방식, 즉 리터러시가 결정합니다. 좋은 삶을 사는 사람들은 좋은 리터러시를 갖추고 있을 가능성이 높습니다. 그렇다면, 좋은 미래는 좋은 리터러시를 갖춘 사람들이 절대다수가 될 때, 함께 만들어나갈 수 있습니다. 우리가 리터러시를 돌아보고 또 새롭게 배워야 하는 이유입니다. 모두가 좋은 리터러시를 갖추고 실천할 수 있도록 사회가 어떻게 도와주고 있는

지 질문해야 합니다(조병영, 2021).

우리는 이미 우주와 같은 드넓은 디지털 공간에서 셀 수 없을 만큼 많은 정보를 얻기도 하고, 의도하지 않은 정보에 노출되는 세상에서 살아가고 있다. 이러한 환경 속에서 우리는 다양한 가능성과 기회를 잡을 수 있는 한편, 행간의 진실을 감춘 왜곡된 자료, 검증되지 않은 사실, 정체와 출처를 알 수 없는 정보, 진짜보다 더 진짜 같은 가짜 뉴스도 접촉하게 되는 아찔한 위험 속에 놓이기도 한다. 그래서 세계 시민으로서 이 세상을 주체적으로 살아가기 위해서는 비판적 사고로 정확한 정보와 잘못된 정보를 판별하고 선택적으로 받아들일 수 있어야 한다. 또한 배려적 사고를 통해 나와 너 그리고 우리 사회에 좀 더 가치가 있는 정보를 인식하며, 이를 창의적으로 활용하여 세상을 이롭게 하는 의미를 생산할 수 있어야 할 것이다.

이런 점에서 리터러시 함양(혹은 리터러시 교육)은 의사소통 속에서 곧 세상을 바라보는 한 주체의 관점을 드러내는 것으로, 관계에 대한 인식과 문화 속에서 한 개인의 인간됨(인성)을 형성해 가는 평생의 과정이라고도 할 수 있다. 그동안 학교 교육이 그 실효성 측면에서 끊임없이 비판받아 온 주요 이유 중 하나는 바로 학습자의 실제적인 삶을 교육의 내용과 방법 안으로 충분히 반영하지 못하고 있다는 점이다. 학습자의 리터러시는 학교 교실 안에서 뿐만이 아니라 그 주체를 둘러싼 학교 밖 환경과의 끊임없는 상호작용을 통하여 형성되며 발전한다. 실제로 학령기 아동의 언어사용은 학교 교실 밖에서 먼저 시작되며 실제적이고 유의미한 의사소통은 가정과 지역 사회라는 공간에서 훨씬 더 자주 발생하기 마련인 것이다. 또한 최근 언론에서 보도된 바 있는 기초 문식성 습득에 실패하는 학생 수의 증가, 무분별한 비속어 사용이나 언어폭력, 부모와 자녀 간의 대화 단절, 청소년의 독서와 글쓰기 기피 현상 등은 우리 사회의 다양한 변화 현상들이 끊임없이 학습자의 리터러시에 영향을 미치고 있음을 예증한다. 이러한 상황을 종합해 볼 때 미래의 교육은 학교 내 교실에서 진행되는 교사와 학생의 상호작용으로 국한된 리터러시 교육이 아니라 가정·학교·지역사회의 긴밀한 협력을 통한 좀 더 폭넓고 실제적인 사용 맥락의 다양성을 반영한 교육이 되어야 할 것이다. 십여 년이 넘도록 학교 교육을 통해 수행되는 수업을 통해 우리가 추구해 온 리터러시란 궁극적으로 가정과 학교, 지역사회 등 학습자를 둘러싼 실제 생활의 맥락에서 발휘되는 '실천적 지식'으로 작동되었을 때 유의미하다는 사실은 자명하다. 이제 우리는 교실 안뿐만이 아니라 학교 밖으로 리터러시 교육의 지평을 넓혀가야 한다.

참고문헌

공성수, 김경수, 2017, 멀티리터러시(Multiliteracy) 향상을 위한 글쓰기 교육의 목표와 수업 모형- 비평하기와 종합하기 요소를 중심으로, **리터러시 연구** 22, 한국리터러시학회, 11-49.

교육부, 2021, 국민과 함께하는 미래형 교육과정 추진 계획안 (https://www.korea.kr/news/visualNewsView.do?newsId=148886800. 인출 2021.09.23.)

국가평생교육진흥원, 2015, **2014년 성인 문해 능력 조사**, 서울: 국가평생교육진흥원.

김은미, 양소은, 2013, '디지털 네이티브'의 시민성, **韓國言論學報** 57(1), 한국언론학회, 305-334.

김진희, 2015, Post 2015 맥락의 세계시민교육 담론 동향과 쟁점 분석, **시민교육연구** 47(1), 59-88.

김진희, 차승한, 2016, 세계시민의식과 도덕 교육의 이론적 관계 정립: 세계시민이론과 중학교 도덕 교육과정 분석, **한국교육** 43(3), 한국교육개발원, 31-55.

김한나, 2012, 일상화된 청소년 욕설의 원인: 심리학적 관점에서, **청소년 언어문화 개선 연속 토론회 발표 자료집**, 국립국어원.

김현아, 2019, 멀티리터러시(Multi-literacy)에 기반한 한국 언어문화 교육 프로그램의 개발 및 효과 연구, 韓國外國語大學校 國際地域大學院 박사학위논문.

노명완, 이차숙, 2006, **문식성 연구-읽기·쓰기에 대한 교육·심리학적 분석-**, 서울: 박이정.

노명완 외, 2008, **문식성 교육 연구**, 서울: 한국문화사.

노은희, 2021, 고교학점제에 대한 이해, **제12회 교육과정 포럼 자료집**, 한국어교육학회.

민춘기, 2018, 독일지역학 전공에서 통상 리터러시 수업 설계의 내용, **독일언어문학** 79, 한국독일언어문학회, 1-26.

박기범, 2014, 디지털 시대의 시민성 탐색, **한국초등교육** 25(4), 33-46.

박영목, 2003, 21세기의 새로운 문식성과 국어교육의 과제, **국어교육** 110, 한국국어교육연구학회, 1-14.

박영목, 2008, 21세기 문식성의 특성과 문식성 교육의 문제, 노명완 외, **문식성 교육 연구**, 한국문화사, 48-77.

박윤경, 2007, 지식 구성과 다문화 문식성 교육, **독서연구** 18(2), 92-128.

박은혜, 2017, 유엔 지속가능개발목표(Sustainable Development Goals)의 의미와 유아교육의 과제, **유아교육연구** 37(3), 119-136.

박인기, 2002, 문화적 문식성의 국어교육적 재개념화, **국어교육학연구** 15, 국어교육학회, 23-54.

박주연, 최숙, 반옥숙, 신선경, 2017, 미디어 리터러시 교육에 관한 다차원적 정책분석, **커뮤니케이션학연구** 25(5), 한국커뮤니케이션학회, 5-32.

서현석, 2007, 말하기 교육의 내용으로서 "배려적 사고"의 개념 탐구, **국어교육학연구** 28, 국어교육학회, 393-421.

서현석, 2013, 인성교육을 위한 초등국어교육의 방향, **한국초등국어교육** 51, 초등국어교육학회, 131-156.

서현석, 2016, 화법교육에서 '배려'의 실행 가능성 탐구, **화법연구** 33, 한국화법학회, 35-58.

서현석, 2019, 미래의 초등학교 듣기·말하기 교육을 위한 의사소통 모형, **화법연구** 43, 한국화법학회, 25-54.

서현석, 2022, 가족 문식성 교육 프로그램의 내용 고찰, 청람어문교육 86, **청람어문교육학회**, 45-69.

안부영, 2010, 사회적 문식성에 기반한 읽기 교육에 대한 시론, **독서 연구** 23, 한국독서학회, 41-69.

안정임 외, 2017, 국내 미디어 리터러시 연구 동향 분석, **한국방송학보** 31(5), 한국방송학회, 5-49.

유네스코 아시아태평양 국제이해교육원, 2017, **새로운 교육과정에 담은 세계시민교육**, UNESCO APCEIU.

유네스코한국위원회, 2018, **한국교육과 SDG4 -교육2030**, ED-2018-BK-1.

유성상, 정봉근, 윤종혁, 김재욱, 김희웅, 엄상현, 2011, **EFA와 한국: 유네스코 EFA 평가와 개정에 따른 한국의 참여 방안 연구**, 서울: 유네스코 한국위원회.

윤여탁, 2015, 한국에서의 문식성 교육의 반성과 전망, **국어교육연구** 36, 서울대학교 국어교육연구소, 535-561.

윤여탁 외, 2008, **매체언어와 국어교육**, 서울대학교 출판문화원.

이동후, 2013, **미디어 생태 이론**, 커뮤니케이션북스.

이지영, 2010, 초등국어교육과 매체언어문화, **국어교육학연구** 37, 국어교육학회, 41-73.

이재기, 2009, 문학 교육과 문식성 신장, **독서 연구** 22, 한국독서학회, 115-158.

이재형, 2012, 국어과 교과서에서의 비판적 문식성 수용 양상, **청람어문교육** 44, 청람어문교육학회, 175-198.

임상수, 2015, 사이버 커뮤니케이션 시대의 시민성과 도덕교육, **한국초등도덕교육학회 하계학술대회(발표집)**, 경기: 한국초등도덕교육학회.

임진철, 2015, **디지털과 문화융합**, 스토리하우스.

장의선, 이화진, 박주현, 강민경, 2015, **중학교 교사 학생의 글로벌 시티즌십 인식 실태와 교수·학습지원 방안**(ORM 2015-50-20), 한국교육과정평가원.

전경란, 2015, **미디어 리터러시의 이해**, 커뮤니케이션북스.

정민주, 2005, 미디어 문식성을 위한 텍스트 수용에 관한 고찰, **국어교육연구** 15, 서울대학교 국어교육연구소, 329-360.

정현선 외, 2014, 초등학생의 매체 문식 활동에 관한 조사 연구, **독서연구** 33, 한국독서학회, 127-170.

정현선, 2005, 언어·텍스트·매체·문화 '범주와 '복합 문식성'개념을 통한 미디어 교육의 국어교육적 수용에 관한 연구, **한국초등국어교육** 28, 한국초등국어교육학회, 307-337.

정혜승, 2008, 문식성(literacy) 교육의 쟁점 탐구, **교육과정평가연구**11(1), 한국교육과정평가원, 161-185.

조병영, 2021, **읽는 인간 리터러시를 경험하라**, 쌤앤파커스.

천경록, 2012, 공동체 문식성과 독서 교육, **청람어문교육** 46, 청람어문교육학회, 311-333.

최기호, 김미형, 임소영, 2004, **언어와 사회: 언어와 사회의 유쾌한 춤사위를 위하여**, 한국문화사.

최인자, 2001, 문식성 교육의 사회문화적 접근, **국어교육연구** 8, 서울대학교 국어교육연구소, 191-220.

한정선, 2000, 21세기 교사를 위한 멀티리터러시 교육, **교육과학연구** 31(3), 87-109.

Barton, D., 2006, *Literacy: An Introduction to the Ecology of Written Language*, Blackwell Publishing, 김영란 외 역, 2014, **문식성: 문자 언어 생태학 개론**, 연세대학교 대학출판문화원.

Harris, T. L., Hodges, R. E., 2005, *The Literacy Dictionary*, International Reading Association.

Hirsch Jr., E. D., 1988, *Cultural Literacy: What Every American Needs to Know*, Boston: Houghton Mifflin.

Katie, T., 2015, Multiliteracies in music education, *International Journal for Cross-Disciplinary Subjects in Education (IJCDSE), Special Issue* 5(1).

McGee, L. M., Morrow, L. M., 2005, *Teaching literacy in kindergarten*, Guilford: New York.

New London Group., 1996, A Pedagogy of multiliteracies: Designing social futures, *Harvard Educational Review* 66(1), 60-93.

Noddings, N. eds., 연세기독교교육학포럼 역, 2009, **세계시민의식과 글로벌 교육**, 서울: 학이당.

OECD, 2005, *The Definition and Section of Key Competencies*, Paris: OECD Publishing.

OECD, 2018, *The Future of Education and Skills: Education 2030*, Paris: OECD Publishing.

OECD, 2019, OECD *Future of Education and Skills 2030 - OECD Learning Comapss 2030: A Series of Concept Notes*, Paris: OECD Publishing.

Provenzo, E. F., 2005, *Critical Literacy: What Everyone Ought to Know*, Boulier: Paradigm Publishers.

Purves, A. C., Papa, L., Jordan, S.(Ed.), 1994, *Encylopedia of English Studies and Language Arts*, vol. 1, NCTE.

Rutten, K., Rodman G. B., Wright H. K., Soetaert, R., 2013, Cultural studies and critical literacies, *International Journal of Cultural Studies* 16(5), 443-456.

Schwab, K., 송경진 역, 2016, 클라우스 슈밥의 제4차 산업혁명, 서울: 새로운 현재.

Silverblatt, A., Smith A., Miller, D., Smith, J., Brown N., 2014, *Media Literacy: Keys to Interpreting Media Message(4th)*, California: ABC-CLO, LIC.

Turner, G., 2007, Cultural literacies, critical literacies, and the English school curriculum in Australia, *International Journal of Cultural Studies* 10(1), 105-114.

UNESCO, 2016, Education for people and planet: Creating sustainable futures for all, *Global Education Monitoring Report*. Retrieved from http://unesdoc.unesco.org/images/0024/002457/245752e.pdf.

Wasik, B., Herrmann, S., 2004, The Role of family literacy in society, *Handbook of Family Literacy*, Routledge: New York.

3장

통계 리터러시와 데이터 시대의 시민교육

탁병주

전주교육대학교 수학교육과 교수

1. 시작하며

대학 입시에서 학생부종합전형이 실시된 이후 고등학생의 생활기록부에는 교과와 관련된 독서활동 기록을 남기게 되어 있다. 많은 고등학생들이 수학 교과 관련 독서활동으로 통계와 관련된 교양서적을 읽곤 하는데, 다음의 책 제목을 보면 통계에 대한 대중의 인식이 어떠한지, 그리고 고등학생들이 통계에 대하여 어떤 인식을 가지게 될지가 드러난다(표 1).

실제로 많은 사람들에게 통계의 이미지는 이원화되어 있다. 하나는 무엇인지 잘 모르지만 열심히 계산하고 그래프를 그렸던 학창 시절의 이미지, 또 하나는 사회에서 통계가 어떻게 사람을 속이고 있는지에 대한 부정적인 이미지이다. 무엇인지도 모르고 공부해서 점수를 받았지만, 사회에 나와서는 속아 넘어가는 것만 겪다 보니 결국 통계 무용(無用)론과 불

〈표 1〉 고등학생들이 즐겨 읽는 통계 도서 제목

『새빨간 거짓말, 통계』

『숫자는 거짓말을 한다: 통계와 그래프에 속지 않는 데이터 읽기의 힘』

『숫자를 읽는 힘: 팩트로 거짓말하는 18가지 통계의 장난』

『숫자에 속아 위험한 선택을 하는 사람들: 심리학의 눈으로 본 위험 계산법』

『통계가 전하는 거짓말: 우리는 날마다 '숫자'에 속으며 산다』

『통계라는 이름의 거짓말』

『통계의 오류와 함정들』

『통계의 함정: 조작된 통계, 불량통계의 위험과 부작용』

『통계의 거짓말: 언론, 기업, 정치가는 통계로 우리를 어떻게 속이고 있는가?』

신(不信)론으로 귀결될 수밖에 없다. 그러나 데이터의 홍수 속에서 빅데이터 개념의 등장으로, 이전에는 데이터가 아니었던 텍스트, 이미지, 영상, 오디오 등이 모두 데이터로 처리가 가능해지면서 온갖 통계 정보가 우리의 삶 곳곳에 존재하고 또 영향을 주게 된다. 따라서 데이터 시대를 살아가는 시민에게 필요한 통계적 자세는 "통계는 쓸모없다"나 "통계는 믿을 수 없다"가 아니라 "통계는 정말 유용하지만 조심해서 바라봐야 한다"일 것이다.

필자는 이러한 통계교육의 개선 방향을 논의하기 위한 핵심으로 통계 리터러시(statistical literacy)에 주목한다. 본래 리터러시는 문자, 그리고 그 문자가 조합되어 이루어진 글을 읽고 쓰고 이해할 수 있는지를 뜻하는 용어인데, 데이터 시대에는 곧 데이터가 문자이고 통계 정보가 글에 해당한다고 볼 수 있다. 이 때문에 많은 연구자들이 데이터에 속아 넘어가는 통계적 무지(illiteracy)를 해결하는 데 그다지 도움이 되지 않는 기존 통계교육의 문제점을 개선하기 위한 아이디어로서 통계 리터러시 개념에 주목하고 있다. 이 글에서는 통계 리터러시의 개념이 무엇인지 살펴보고, 통계 리터러시 함양을 위한 교육이 어떻게 이루어져야 하며, 그것이 시민 교육으로서 어떤 의미를 지니는지 살펴보고자 한다.

2. 통계 리터러시란 무엇일까

가. 통계 리터러시의 배경

통계학은 수학의 하위 영역일까? 이 질문에 대한 사람들의 답은 엇갈릴 것이다. 일반적으로 대학에서는 통계학과와 수학과가 분리되어 있기 때문에, 학문적인 관점에서 통계학이 수학에 종속된다고 보기는 어렵다. 우리가 일상에서 자주 보는 그래프나 여론조사 같은 통계 정보에 숫자가 많이 등장하는 것은 사실이지만, 이를 바라보는 일반인들이 통계 정보를 접할 때마다 고등수학적인 사고를 하는 것은 아니다. 하지만, 적어도 학창 시절에는 통계학의 여러 내용 요소들을 수학 교과의 테두리 안에서 배워왔다. 즉, 학교수학에서 이루어지는 통계교육은 수학의 형식과 논리에 따라 지도되어 왔다. 예컨대 [그림 1]의 두 문항을 비교해 보자.

[그림 1]의 왼쪽은 초등학교와 중학교 수학 교과서에서 흔히 볼 수 있는 유형의 과제이다. 평균을 계산하는 식을 익히고, 그 식을 주어진 수에 적용하는 구조를 띠고 있다. 수학에서 강조하는 대수적 형식(평균을 구하는 식)과 연역적 논리(식을 이용하여 평균 구하기)에 충실한 구조를 띤 문항이다. 그러나 통계학자들은 그 누구도 평균을 손으로 직접 계산하여 구하

다음 수의 평균을 구하여라.	과학 시간에 9명의 학생이 건전지로 이동하는 조립 자동차를 이용해 100m 가는 데 걸리는 시간을 측정한 결과 다음과 같은 값을 얻었다. 조립 자동차의 빠르기는 얼마라고 생각하는가?
61, 60, 63, 102, 62, 61, 60, 61, 60	61, 60, 63, 102, 62, 61, 60, 61, 60
	(단위: 초)

[그림 1] 평균을 구하는 두 과제 유형
고은성, 2012, 207

지 않는다. 심지어 계산기도 거의 이용하지 않는다. 그저 스프레드시트와 같은 공학도구에 자료를 입력하여 자동적으로 산출되는 값을 확인할 뿐이다. 이들에게는 평균을 구하는 것 자체보다 [그림 1]의 오른쪽에서 묻고 있는 바와 같이 평균을 맥락에 비추어 어떻게 해석해야 하는지, 그리고 이 맥락에서 평균을 구하는 것이 과연 적절한 것인지를 판단하는 능력이 더욱 중요하다.

통계교육에서 리터러시 개념의 등장은 수학 교과 내에서 수학의 형식과 논리에 따라 지도되는 전통적 통계교육 방식에 대한 비판에서 비롯되었다고 할 수 있다(탁병주, 2017). 대개 인간에게 필요한 소양(素養)은 크게 리터러시(literacy)와 뉴머러시(numeracy)로 분류할 수 있는데, 전자는 읽고 쓰는 능력(the ability to read and write)으로 정의되어 매체에서 전달하는 정보를 경험적으로 수용하여 지식을 구성하는 능력을, 후자는 추론하고 적용하는 능력(the ability to reason and apply)으로 정의되어 어떤 명제를 선험적인 논리로 판단하여 지식을 구성하는 능력을 뜻한다. 학생들의 리터러시와 뉴머러시는 학교 교육에서 주로 국어와 수학 교과를 통해 함양되어 왔는데, 통계학의 실제는 데이터와 맥락에 기반을 둔 경험적 추론을 필요로 하기 때문에 통계를 수학의 하위 영역으로서가 아니라 '통계답게' 지도하자는 주장과 함께 통계 리터러시가 강조되고 있는 것으로 볼 수 있다. 말하자면 [그림 1]의 왼쪽은 통계 뉴머러시에, 오른쪽은 통계 리터러시에 초점을 두고 있는 과제라 할 수 있다.

나. 기초 기능으로서의 통계 리터러시

그동안 통계교육 연구자들은 인위적인 예를 통해 지시된 안내에 따라 자료를 정리하고 맹목적으로 통계치를 계산하거나 그래프를 그리는 방식의 통계교육이 아닌, 조금 더 데이터를 이용하여 실제 문제를 해결하는 실용적인 측면에서의 통계교육이 이루어져야 한다는 주장을 해 왔다. 이들에게 통계 리터러시는 이러한 주장을 담고 있는 일종의 구호였다. 그러나 비슷한 의도로 다른 통계교육 연구자들은 '통계적 추론'이나 '통계적 사고'라는 용어를 사용하곤 하였다. 같은 의도로 같은 주장을 하는 연구자들이 저마다 다른 용어를 사용함에 따라 통계 리터러시는 오랫동안 합의된 정의가 정립되지 못했고, 통계 리터러시와 통계적 추론, 통계적 사고 사이에는 어떠한 차이가 있는지도 혼란이 발생하곤 하였다(강현영, 2012).

1998년도 제5회 국제통계교육학회(International Congress on Teaching Statistics)에서 결성된 SRTL(Statistical Reasoning, Thinking, and Literacy) 포럼에서는 통계 리터러시를 다음과 같이 정의하였다.

통계 리터러시는 통계 정보나 연구 결과를 이해하는 데 이용되는 기본적이고 중요한 기능을 의미한다. 이러한 기능에는 데이터를 조직하고, 표를 작성하여 제시하고, 데이터를 다양한 표현으로 나타낼 수 있는 것 등이 있다. 또한 통계적 소양에는 개념, 용어, 기호를 이해하고 확률을 불확실성의 측도로 간주하는 것이 포함된다(Ben-Zvi, Garfield, 2010, 7).

한편 SRTL 포럼에서는 통계적 추론과 통계적 사고에 대해서도 합의된 정의를 내렸는데, 이들은 통계 리터러시보다 더 심도 있는 수준의 개념 이해를 수반하는 것이 통계적 추론이며, 통계적 추론보다 더 높은 사고를 수반하는 것이 통계적 사고라고 설명하였다(Ben-Zvi, Garfield, 2010). 즉, 통계 리터러시는 통계 학습 과정에서 조금 더 고차원적인 통계적 추론, 사고가 가능하기 위해 갖추어야 하는 기초적인 기능으로서 바라본 것이다. 실제로 추론과 사고가 인간이 인지적으로 도야할 수 있는 충분조건으로 인식되는 반면, 리터러시는 인간이라면 당연히 갖추어야 하는 필요조건으로 인식된다. 리터러시가 추론과 사고보다 조금 더 당위적으로 지녀야 하는 능력으로 인식되는 만큼, 통계 리터러시는 통계 정보를 이해하는 데 필요한 기초적인 기능(skill)의 의미를 담고 있는 것으로 보인다.

문해력(文解力) 또는 문식성(文識性)으로 번역되는 리터러시의 사전적 의미 그 자체를 놓고 생각해 보면, 리터러시의 유무는 문맹의 여부와 비슷하게 판단된다. 활자화된 글을 읽고 이해할 수 있다면 리터러시를 갖춘 것이고 그렇지 않다면 문맹인 것처럼, 데이터를 정련하여 얻은 각종 통계 정보를 읽고 이해할 수 있다면 통계 리터러시를 갖춘 것이고 그렇지 않다면 통계적 무지 상태라 볼 수 있다. 이때의 통계 리터러시는 '개인화된 기능'으로 바라볼 수 있다.

다. 교육 목표로서의 통계 리터러시

개인의 능력에 주목하는 관점에서 보았을 때, 리터러시는 단순히 어떤 기능을 갖추었는지의 여부를 판별하는 의미를 지닌다. 하지만 오늘날 교육에서 리터러시가 특히 강조되는 이유는 사회적인 의미 때문이다. 리터러시가 없는 개인은 그저 일상생활이 다소 불편한 한 명의 문맹일 뿐이지만, 리터러시가 없는 사회는 교육을 바탕으로 한 발전 동력의 상실이라는 공동체적인 문제를 야기한다. 더욱이 한 명의 철인(哲人)이 이끄는 군주정에 비해 민주정은 언제나 대중주의(populism)와 반지성주의(anti-intellectualism)에 취약하다. 민주주의는 개인이 아닌 집단 지성에 의존하는 체제이다. 우리 사회가 전반적으로 리터러시를 갖추고 있어 구성원 각각의 판단 경향이 참에 편향되어 있을 경우에는, 다수결과 같은 민주적 의사결정이 개인의 의사결정보다 훨씬 더 합리적인 결정으로 귀결된다(List, 2005). 그러나 반대로 리터러시를 갖추고 있지 않아 구성원 각각의 판단 경향이 거짓에 편향되어 있을 경우에는, 오히려 민주적 의사결정이 독재자 1인의 의사결정보다도 더욱 잘못된 결정을 야기한다(탁병주, 조은애, 2019). 이에 UNESCO(2005)에서는 이러한 사회적 의미를 담아 "개인과 사회의 변혁을 위한 기반으로서 사회적인 인식과 비판적인 반성에 필요한 능력"으로 리터러시를 정의하였고, 통계 리터러시 역시 [그림 2]와 같이 단순 기능을 넘어 통계교육의 궁극적 목표를 상징하는 의미를 내포하게 되었다.

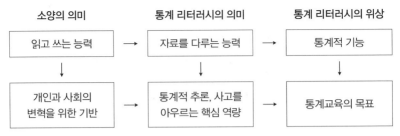

소양의 의미 　　　　통계 리터러시의 의미 　　　　통계 리터러시의 위상

| 읽고 쓰는 능력 | → | 자료를 다루는 능력 | → | 통계적 기능 |

| 개인과 사회의
변혁을 위한 기반 | → | 통계적 추론, 사고를
아우르는 핵심 역량 | → | 통계교육의 목표 |

[그림 2] 통계 리터러시의 의미와 위상 변화

고은성 외, 2017, 10

이러한 리터러시의 사회적 의미에 영향을 받아 통계 리터러시 또한 이전보다 더욱 포괄적인 의미로 사용되기 시작하였다. 개인의 기초 기능으로만 리터러시를 바라본 연구자들은 [그림 3]의 왼쪽과 같이 통계 리터러시가 통계적 추론과 사고를 아래에서 받쳐 주는 기반이라고 바라보았지만, 오늘날 리터러시가 교육 영역에서 사용되는 용례를 볼 때는 오히려 [그림 3]의 오른쪽과 같이 통계 리터러시가 통계적 추론과 사고를 아우르는 것으로 보는 관점도 성립한다.

통계 리터러시에 대한 포괄적 관점은 통계 리터러시가 통계교육의 목

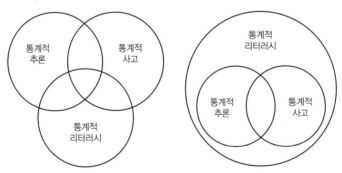

[그림 3] 통계 리터러시의 위계적 관점과 포괄적 관점

delMas, 2002

적으로서 지니는 의의에 주목케 한다. 또한 미국통계협회(American Statistical Association) 회장을 역임한 캐서린 월먼(Katherine Wallman)은 리터러시를 "목표지향적 행동에 필요한 능력으로서 인지적, 정의적 측면을 모두 포괄하는 광범위한 집합체"의 의미로 사용하였다(Wallman, 1993). 추론과 사고가 대개 인지적인 측면을 의미하는 반면, 리터러시는 자세, 태도, 지향과 같은 정의적인 측면까지도 담고 있다는 것이다. 통계 리터러시에 대한 이도 갈(Iddo Gal)의 정의는 바로 이러한 두 측면을 모두 고려한 것으로 볼 수 있다(Gal, 2002). 그는 통계 리터러시가 한편으로 통계 교육의 목적으로 인식된다는 점과 다른 한편으로 리터러시라는 용어를 폭넓은 의미로 활용한다는 점을 모두 고려하여, 산업 사회에 살고 있는 성인들이 갖추어야 하는 통계 리터러시를 다음과 같이 정의하였다.

> 통계 리터러시와 서로 관련되어 있는 두 가지 요소가 있다. 그 중 하나는 다양한 맥락에서 접하는 통계 정보나 자료와 관련된 주장, 또는 확률 통계적 현상들을 해석하고 비판적으로 평가하는 능력이다. 다른 하나는 통계 정보에 대해 토론하고 의사소통하는 것인데, 예를 들면 정보의 의미를 이해하거나 정보가 함축하고 있는 것에 대해 의견을 제시하거나 또는 제시된 결론을 수용하는 것에 관심을 보이는 것 등이 이에 해당된다(Gal, 2002, 2-3).

위와 같이 통계 정보에 대해 얼마나 비판적인 안목으로 바라보는가, 통계 정보를 놓고 다른 사람과 얼마나 합리적으로 토론하고 의사소통하는가는 단순히 읽고 쓰는 기능이라는 리터러시의 표피적인 뜻만으로는 읽어낼 수 없는 통계 리터러시의 요소이다. 이는 개인이 읽고 쓰는 능력을 갖추면 우리 사회가 건전한 민주주의 체계를 유지하며 살아갈 수 있게 된다는 숨은 뜻이 드러난 요소로 볼 수 있다. 즉, 리터러시는 민주 사회에서 요구되는 시민성(citizenship)의 의미를 지니게 되었다. 온갖 그래프와 여론조사, 그리고 이를 활용한 뉴스와 가짜뉴스가 범람하는 우리 사회에서 통계 리터러시는 교육에서 추구해야 하는 여러 리터러시 중 하나로 보는 것이 타당해 보인다. 시민에게 제공되는 정보와 데이터들은 대개 정보 생산자인 언론, 정치인, 광고주 등의 필요와 목표에 따라 선별적으로, 혹은 왜곡된 형태로 제공되기 때문에, 다양한 대중매체나 뉴스, 여론조사 등에서 제시하는 정보에 대해 얼마나 비판적인 자세로 바라보는지, 그리고 통계 정보를 통해 다른 사람과 어떻게 의사소통을 하는지가 중요하다. 이때의 통계 리터러시는 '민주 사회의 시민성'으로 바라볼 수 있다.

3. 통계 리터러시 함양을 위한 시민교육은 어떻게 이루어져야 할까

가. 통계적 문제해결 교육

통계 뉴머러시에만 주목해 온 전통적 통계교육에서 탈피하여 통계 리터러시 함양을 위한 교육이 이루어지기 위해서는, 먼저 통계 리터러시 교육을 어떻게 정의할 수 있는지를 확인해 보아야 한다. 예컨대, 실용통계교육을 강조한 고은성 외(2017, 10)는 "각종 정보가 범람하는 현대 사회에서 학생들이 장차 합리적인 통계 정보의 소비자이자 생산자로서 역량을 갖출 수 있도록 학교 통계교육을 통해 통계적 지식과 기능은 물론, 비판적 사고와 태도를 길러주는 교육"으로 통계 리터러시 교육을 정의하여, 실용통계교육에 학교 교육으로서의 의미를 부여한 용어가 통계 리터러시 교육이라는 관점을 제시하였다.

통계 정보를 매개로 한 의사소통은 고은성 외(2017)의 정의처럼 생산과 소비에 비유해 볼 수 있다. 생산자는 지속가능한 이윤을 위해 질 좋은 물건을 만들어야 하며 상도덕을 지켜야 한다. 소비자는 소위 호구(虎口)가 되지 않으려면 물건을 살 때 비판적인 태도를 가지고 합리적인 질과 가격인지를 따져 봐야 한다. 시장경제 체제의 건전한 유지와 발전을 위해서는 이처럼 자본주의 사회의 구성원에게 요구되는 생산자와 소비자로서의 소양이 있다. 통계 정보 역시 마찬가지여서, 생산자는 올바른 과정을 통해 통계 정보를 생산해야 하며 소비자는 그 통계 정보를 무작정 받아들이지 말고 비판적인 시각에서 바라보고 판단해야 한다. 최근 우리 사회는 가짜뉴스를 양산하는 비양심적인 생산자들과 이를 무비판적으로 또는 자신의 취향에 맞게 선별하여 수용하는 반지성적인 소비자들이 다수 존재한다. 이러한 사회적 분위기로 인해 통계 리터러시 교육의 중요성은 더욱 강조되고 있다.

통계교육 연구자들은 사람들이 평소 자주 접하는 통계 정보가 어떻게 생산되는지를 경험하는 것이 위와 같은 생산자이자 소비자로서의 통계 리터러시를 기르는 방법 중 하나로 제안하고 있는데, 이것이 통계적 문제해결 교육이다. 미국통계협회에서는 학교 교육을 통해 학생들의 통계 리터러시를 길러 주려면 [그림 4]와 같은 통계적 문제해결의 과정을 학

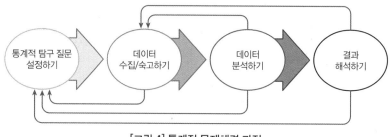

[그림 4] 통계적 문제해결 과정
Bargagliotti et al., 2020, 13

생들이 경험할 수 있어야 한다고 제안한 바 있다(Bargagliotti et al., 2020; Franklin et al., 2007).

우리가 일상에서 통계 정보를 찾아보거나 직접 통계 조사를 하는 목적은 어떠한 문제를 해결하기 위함이다. 따라서 통계적 문제해결 과정에서 가장 먼저 이루어져야 하는 것은 바로 '통계를 이용하여 탐구할 질문을 설정'하는 일이다. 이때의 질문이 꼭 문제 상황에서 판단이나 의사결정을 요하는 거창한 것일 필요는 없다. 단순히 "우리 반 친구들이 좋아하는 반려동물은 무엇인지 궁금해 하는 것"도 본인에게는 충분한 문제 상황이다. 이렇게 질문을 설정하고 나서 할 일은 데이터를 수집하는 일이다. 조사하는 대상이 '우리 반 친구들'이라는 집단이기 때문에 데이텀(datum, 단수형)이 아니라 데이터(data, 복수형)를 수집해야 한다. 당연히 친구들의 답은 제각각이다. 게다가 전수조사를 할 것인지 표본조사를 할 것인지에 따라 수집한 데이터가 다르고, 설문지를 돌렸는지 조사 부스를 설치했는지 개인 면담을 했는지에 따라서도 수집한 데이터가 다를 수 있다. 질문의 문장이 어떻게 서술되었는지, 보기는 어떻게 주어졌는지에 따라서도 수집한 데이터는 달라진다. 직접 수집할 필요 없이 누군가 조사해놓은 데

리터러시와 시민성교육

이터가 있다면 그것을 그대로 활용해도 되지만, 그 데이터가 내 질문에 부합하는 것인지도 따져봐야 한다. 그렇게 제각각인 데이터를 수집하면 이를 정리, 분석하여 데이터의 분포를 드러내는 통계 정보를 만들어 내야 한다. 그래프를 이용하여 시각화할 수도 있고, 평균과 같은 통계량을 이용하여 수치화할 수도 있다. 만약 표본조사를 했다면 전수 조사한 결과는 어떻게 나올지를 추정할 수도 있고, 데이터의 변수가 여러 가지라면 변수 사이의 상관관계를 분석하는 것도 가능하다. 이렇게 데이터를 정리, 분석하여 만든 통계 정보는 이제 해석의 대상이다. 처음 설정했던 질문의 맥락에 비추어 통계 정보를 해석하고, 이를 바탕으로 문제에 대한 판단이나 의사결정이 이루어진다면 통계를 이용한 문제해결의 전 과정을 거친 것이라 할 수 있다. 고은성 외(2017, 11)는 통계적 문제해결 교육을 "통계적 문제해결의 전 과정을 순환적으로 학생들이 경험할 수 있는 기회를 제공함으로써, 통계적 소양 교육을 실천적으로 구현하는 실용통계교육의 방법"으로 정의하였다. 그리고 실용통계교육, 통계 리터러시 교육, 통계적 문제해결 교육의 관계를 [그림 5]와 같이 설정하였다.

학교 교육으로의 구현   실천적 방법

[그림 5] 통계 리터러시 교육의 의미
이형근 외, 2019, 121

　이러한 통계적 문제해결 교육은 사실 '실생활 중심의 통계 내용 재구성'을 주요 개정 방향으로 설정한 2015 개정 수학과 교육과정에서도 강조하고 있다. "다양한 자료(데이터)를 수집, 정리, 해석하고, 확률을 이해

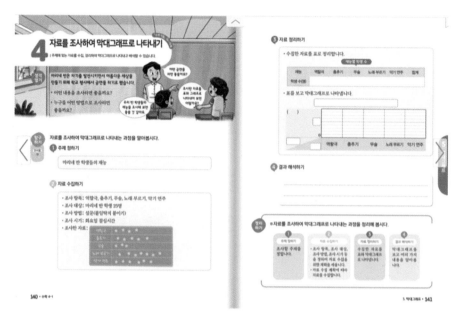

[그림 6] 초등학교 4학년 수학 교과서의 통계적 문제해결 교육 사례

류희찬 외, 2022, 140-141

함으로써, 미래를 예측하고 합리적인 의사 결정을 하는 민주 시민으로서의 기본 소양(리터러시)을 기를 수 있다"(교육부, 2015, 35)고 명시하여 통계적 문제해결 교육을 통한 통계 리터러시의 함양을 확률과 통계 영역의 지도 목표로 규정한 것이다. 이러한 변화로 인해 최근의 수학 교과서에서는 [그림 6]과 같이 통계적 문제해결의 전 과정을 학생들이 경험할 수 있도록 과제가 구성되어 있다.

나. 통계 윤리 교육

통계적 문제해결 과정을 거쳐 생산된 통계 정보는 대개 생산자의 주관이 포함되어 있다. 이는 잘못된 것이 아니다. 통계 정보를 생산하는 것 자체가 "자신의 주장에 대해 경험적 근거를 토대로 정당성을 확보하려는 일련의 행위"(이영하, 2014, 255)이기 때문이다. 다만 그 역(逆)은 성립하지 않는다. 즉, 자신의 주장의 정당성을 확보하기 위한 모든 경험적 근거가 통계 정보인 것은 아니다. 예컨대, "내가 해봤더니 되더라"와 같은 개인화된 경험은 통계 정보가 될 수 없다.

증명으로 대표되는 연역 논리에 의존하는 수학은 전제가 성립한다는 가정 하에 언제나 확실성과 정확성이 보장된다. 삼각형의 세 내각의 합이 180도라는 사실은 적어도 유클리드 공간 내에서 언제나 참이다. 내가 어떠한 삼각형을 떠올려도 그것이 완벽한 삼각형이라면 세 내각의 합은 반드시 180도일 수밖에 없다. 그러나 통계는 기본적으로 경험(데이터)을 바탕으로 한 귀납 논리에 의존하기에 불확실성과 부정확성의 문제를 해결하지 못한다. 일상에서 아무리 정교한 여론조사를 한다고 하더라도 그것이 빗나갈 가능성은 언제나 존재한다. 그러니까 통계 정보를 근거로 자신의 주장을 정당화한다 하더라도 그 주장이 완벽하게 정당화되는 것은 애당초 불가능한 일이다.

그러나 통계학이 그저 그런 주관적 신념 또는 미신이 아닌 과학으로 인정되는 이유는 통계 정보를 생산하는 절차가 '과학적 형식'을 지니고 있기 때문이다. 개인화된 경험은 그저 주관의 영역일 뿐이지만, 다수의 경험을 데이터화하고 이를 정리, 분석하는 일련의 통계적 문제해결 과정을 거쳐 통계학에서 규정한 과학적인 형식에 따라 통계 정보를 생산한다면, 결과의 확실성과 정확성을 보장하지는 못하더라도 절차상의 합리성은 갖추게 된다. 과학이 시민의 기초 소양인 사회에서는 바로 과학적 형식이 합리성의 근거가 되며, 경험으로 비롯된 여러 정보 중에서 통계 정보가 특별한 지위를 갖는 이유는 바로 과학에 대한 우리 사회의 믿음이 있기 때문이다.

문제는 이러한 과학적 형식과 절차를 갖추지 못한 정보에 '통계'라는 이름을 붙여 여론을 호도할 때이다. 통계적 문제해결 과정은 모두 문제 해결 주체의 주관적인 목적과 의도가 담겨 있는데, 이러한 목적과 의도를 위해 각 단계에서 갖추어야 하는 과학적 형식을 갖추지 않는 경우가 바로 '통계 윤리 문제'이다. 예컨대 자료 수집 단계에서 편향된 표본을 추출하거나 특정 응답을 유도하는 설문지를 제작하는 것, 또는 시각적인 착시효과를 의도하여 그래프를 왜곡하는 경우나 결과 해석에 필요한 정보와 변수를 은폐하는 것이 대표적으로 생각해 볼 수 있는 통계 윤리 문제이다.

일상에서 가장 초보적으로 나타나는 통계 윤리 문제는 그래프의 왜곡이다. 그래프를 작성할 때는 ① 데이터를 온전히 보여 주어야 하고, ② 보는 사람이 그래프의 본질에 대해 생각하도록 해야 하며, ③ 데이터가 말하려는 것을 왜곡하지 않도록 해야 한다(Tufte, 1983; Brase, C, H., Brase, C, P., 2018, 33에서 재인용). 이는 통계 정보를 생산하고 소비하는 과정에서 그래프가 통계 윤리 문제에 노출되어 있음을 보여 준다. [그림 기은 1938년도 미국 Duns' Review 잡지에 실린 그래프인데, 동일한 데이터임에도 불구하고 왼쪽 그래프는 공무원의 봉급이 크게 상승한 것처럼 보이는 반면, 오른쪽 그래프는 공무원의 봉급에 변화가 거의 없는 것처럼 보인다. 눈금 한 칸의 크기, 물결선 사용 여부 등에 의해 동일한 데이터임에도 전혀 다른 주장의 근거가 되는 상황이 벌어지곤 한다.

통계 정보가 통계학에서 규정한 형식과 절차를 따르지 않았을 때, 단순

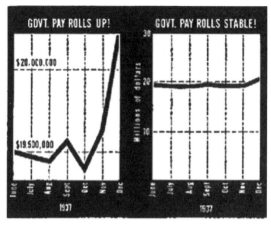

[그림 7] 공무원의 봉급 변화를 나타낸 그래프
Dun's Review, 1983

한 오류가 아닌 윤리 문제로까지 비화되는 이유는 바로 통계 정보 소비
자의 편향(bias)을 유발하기 때문이다. 인지심리학에서 편향은 생산자의
왜곡, 혹은 소비자의 무지로 인한 '인지적 함정'의 의미이다(Kahneman
et al., 2010). 생산자가 의도하였든 의도치 않았든 간에, 과학적이지 못
한 방법으로 생산된 통계 정보는 '집단의 특성을 오인하게 만들어' 소비
자를 함정에 빠뜨린다(탁병주, 2021). 물론 과학적인 방법으로 생산된 통
계 정보 역시 반드시 옳은 결과를 보여 주는 것은 아니며 언제나 오류 가
능성이 존재한다. 그러나 적어도 과학적인 방법으로 생산된 통계 정보는
[그림 8]의 왼쪽과 같이 '데이터의 들쑥날쑥한 속성(변이성)에 의해 어쩌
다 틀린 것'로 볼 수 있는 반면, 비과학적인 방법으로 생산된 통계 정보는
[그림 8]의 오른쪽처럼 '편향에 의해 체계적으로 틀린 것'에 해당한다. 따
라서 편향은 단순히 불확실성이나 부정확성의 문제가 아니라 윤리의 문
제이며, 이영하(2014)는 이와 같이 통계적 문제해결 각 단계의 과학적 타

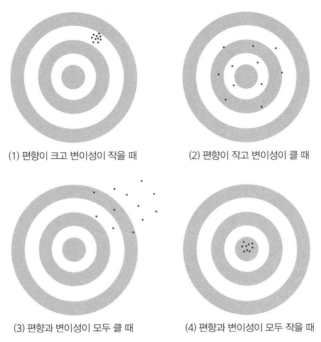

(1) 편향이 크고 변이성이 작을 때   (2) 편향이 작고 변이성이 클 때

(3) 편향과 변이성이 모두 클 때   (4) 편향과 변이성이 모두 작을 때

[그림 8] 과녁에 비유한 편향과 변이성
Moore, Notz, 2018, 38

당성에 의해 발생하는 문제를 '목적론적 윤리성 문제'라 명명한 바 있다.

통계 윤리 교육은 단순히 통계 정보를 비판적으로 바라보는 것에서 나아가 그 정보가 생산되는 통계적 문제해결 과정 중 어느 부분에서 문제가 발생한 것인지를 되짚어 보는 것을 포함한다. 대수식이나 함수 그래프와 같은 수학적 표현들이 엄밀성을 추구하는 것과 달리 통계 정보는 비전문가와의 의사소통을 염두에 둔 것이기 때문에 시각적 직관성과 유연성을 추구하며, 그로 인해 다소 덜 엄밀하고 형식적이지 않은 면을 담고 있다(탁병주, 2018). 그만큼 다양한 방식의 오류와 왜곡의 문제에서 자유롭지 못하기 때문에 통계 윤리 교육은 특히 중요하다. 예를 들어 [그림 9]와 아래 그래프를 보고, 그래프를 잘못 읽게 만드는 특성을 한 가지씩 찾아내어라.

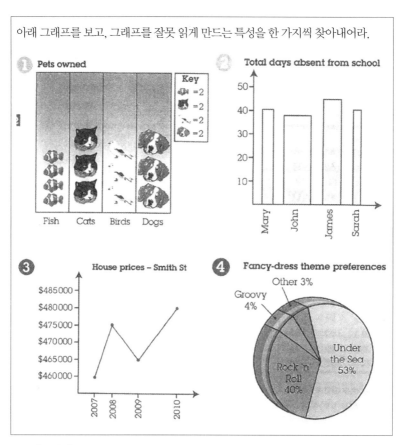

[그림 9] 오스트레일리아 초등학교 6학년 수학 교과서의 통계 윤리 교육 사례
Carr, 2011, 125

같이 오스트레일리아에서는 초등학교에서부터 통계 정보의 어떤 부분이
통계 윤리 문제를 야기하는지를 생각해 보게 하는 활동을 다루고 있다.

최근 미국통계협회에서는 전통적 통계학뿐만 아니라 데이터 과학의
관점에서 통계교육을 다루어야 한다고 강조하며, "학생들은 우리 사회가
데이터를 잘못 다루거나 비윤리적으로 사용하는 것을 방지하기 위한 정
보 보호 조치와 정책이 필요한 이유를 이해해야 한다"(Bargagliotti et al.,

2020, 6)고 주장하였다. 이는 데이터를 다루는 맥락 등 부수적인 요인에 의해 필연적으로 발생하는 '파생적인 윤리 문제'이다(이영하, 2014). 즉, 사회적으로 데이터의 가치가 높아짐에 따라 데이터의 소유권, 개인정보에 대한 보안과 법적 권리, 데이터 사용의 한계 등도 통계 윤리 교육의 주제로 포함해야 한다는 것이다. 통계 리터러시 교육이 데이터가 범람하는 민주 사회의 시민교육으로서의 의미를 지닌다는 점을 고려해 볼 때, 데이터를 둘러싼 맥락에서 발생할 수 있는 윤리 문제 역시 통계 리터러시 교육에서 포괄할 수 있어야 한다(이경화 외, 2021, 377-378).

4. 통계 리터러시 함양을 위해 어떤 노력이 이루어지고 있는가

가. 고등학교 실용통계 교과서

[그림 6]에서 확인할 수 있듯, 초등학교 수학 교과서에서는 문제에 따라 자료를 수집, 정리, 해석하는 통계적 문제해결 경험을 제공하여 학생들의 통계 리터러시 함양을 위한 교육이 이루어질 수 있도록 과제를 구성하고 있다. 또한 중학교 수학 교과서 역시 [그림 10]과 같이 공학도구를 활용하여 통계 정보를 직접 생산해 보는 통계적 문제해결 교육의 기회를 학생들에게 제공하고 있다. 그러나 고등학교 '확률과 통계' 교과서는 [그림 11]과 같이 실제 통계적 문제해결의 일환으로 데이터를 다루는 통계 리터러시 교육 대신, 인위적으로 주어진 자료에 확률분포 이론을 형식적

오른쪽은 다연이네 반 학생들의 달리기 기록을
조사하여 나타낸 것이다. 이지통계를 이용하여
자료를 정리하고 해석하여 보자.

학생들의 달리기 기록
(단위: 초)

14.6 17.0 16.7 15.4
16.2 16.2 15.8 15.5
17.4 16.5 15.4 15.5
15.2 15.8 18.5 16.6
18.1 15.1 16.2 16.9

(1) 이지통계의 자료 입력 화면에서 자료를 모
두 입력하여 보자.

(2) 이지통계를 이용하여 줄기와 잎 그림, 도
수분포표, 히스토그램 및 도수분포다각형을 그려 보자.

(3) (2)에서 나타낸 표나 그래프를 통하여 알 수 있는 자료의 분포의 특성에 관하
여 친구들과 이야기하여 보자.

[그림 10] 중학교 수학 교과서의 통계 리터러시 교육 사례
장경윤 외, 2018, 271

으로 적용하여 필요한 통계치를 계산하는 통계 뉴머러시 교육이 중심을
차지하고 있다. 이는 고등학교 일반 선택과목인 '확률과 통계'가 대학수
학능력시험의 출제 범위에 해당하기 때문에, 지필 환경으로 한정된 상황
에서 정답 시비가 없어야 한다는 강박에 의해 통계학 본연의 불확실성과
부정확성을 용인할 만한 여유가 없기 때문이라고도 볼 수 있다. 전통적으
로 확실성과 정확성을 추구해 온 수학 교과가 대학수학능력시험에서 (특
히 최상위권) 응시자들의 변별 부담을 가장 크게 짊어져 왔기 때문에, 교
과서의 집필 방식과 실제 수업에서 통계 리터러시 함양을 위한 교육을 지
향하는 데에는 한계가 있었던 것이다.

이러한 문제를 극복하기 위해 통계청 산하기관인 통계교육원에서
는 대구광역시교육청의 인정 심의를 받아 '실용통계' 교과서(이경화 외,

예제 1 어느 지역 주민의 1일 인터넷 사용 시간은 표준편차가 20분인 정규분포를 따른다고 한다. 이 지역 주민 1600명을 임의추출하여 조사했더니 1일 평균 인터넷 사용 시간은 120분이었다. 이 지역 주민의 1일 평균 인터넷 사용 시간 m의 신뢰도 95 %의 신뢰구간을 구하시오.

풀이 표본의 크기는 $n=1600$, 표본평균은 $\bar{x}=120$, 모표준편차는 $\sigma=20$이므로 이 지역 주민의 1일 평균 인터넷 사용 시간 m의 신뢰도 95 %의 신뢰구간은

$$120-1.96 \times \frac{20}{\sqrt{1600}} \leq m \leq 120+1.96 \times \frac{20}{\sqrt{1600}}$$

$$120-0.98 \leq m \leq 120+0.98$$

따라서 $119.02 \leq m \leq 120.98$ **답**

[그림 11] 고등학교 수학 교과서의 통계 뉴머러시 교육 사례
홍성복 외, 2019, 122

2020a; 2020b)를 발행하였고, 이에 따라 2020년도부터 고등학교에서 진로 선택과목으로 '실용통계' 과목을 개설할 수 있게 되었다. 실용통계 교과서에서 다루는 내용은 대체로 초등학교, 중학교, 고등학교에서 다루는 통계 내용을 망라하고 있으나, 통계적 문제해결 단계를 기준으로 이러한 내용을 재구조화하여 이전까지 학교수학을 통해 다루어 온 통계 내용이 통계 리터러시의 관점에서 어떠한 의미를 지니고 있는지를 이해하고 활용하는 데 주안점을 두었다. 구체적인 내용 체계는 〈표 2〉와 같다.

예를 들어, '여러 가지 그래프' 단원에서는 초등학교 수학에서 이미 다루었던 막대그래프, 꺾은선그래프, 띠그래프, 원그래프와 중학교 수학에서 다루었던 히스토그램이 등장한다. 그러나 초등학교와 중학교 수학에서는 주어진 자료를 절차에 따라 특정 유형의 그래프로 그려보는 활동에 주목했다면, 실용통계 교과서에서는 [그림 12]와 같이 특정한 문제 상황에서 데이터의 특성과 맥락을 살펴보고 통계 정보를 어떤 그래프로 나

<표 2> 실용통계 교과서의 단원 구성

대단원	중단원	소단원
통계적 문제와 자료 수집	통계와 통계적 문제해결	통계와 통계학 변이성과 통계적 문제해결
	자료와 표본	자료의 종류 모집단과 표본 표본 추출하기
	자료의 수집	자료의 수집 방법 설문지법 문헌연구법
자료의 분석과 해석	자료의 요약과 표현	여러 가지 그래프 자료의 분포 상자그림
	변수 사이의 관계	상관관계 상관계수 분할표
	통계적 추정과 검정	표본 비율의 분포 모 비율의 추정 가설 검정의 뜻 가설 검정의 활용
빅데이터	데이터와 의사결정	빅데이터 빅데이터 처리 과정
	텍스트마이닝	텍스트마이닝의 뜻 텍스트마이닝 활용 텍스트마이닝 시각화
부록	통계 프로젝트 통계와 직업(빅데이터 전문가)	

이경화 외, 2020a; 2020b

타내는 것이 좋을지 판단하는 과제가 등장한다. 즉, 특정 개념이나 공식을 문제에 적용하는 뉴머러시 중심의 과제가 아니라 문제 상황을 파악하여 특정 개념과 공식의 적절성을 판단하는 리터러시 중심의 과제를 다루고 있다. 2015 개정 수학과 교육과정에서는 통계교육원의 노력에 의

예제로 이해하기 1 다음은 교실 내 CCTV 도입에 대해 지홍이네 학교 전체 학생들의 찬성과 반대 의견을 조사하여 두 가지의 비율그래프로 나타낸 것이다. 띠그래프와 원그래프 중 어떤 그래프가 더 적절한지 말하시오.

풀이
두 항목의 비율이 비슷한 경우 띠그래프에서는 두 항목 중 어느 쪽이 더 많은지를 한눈에 알아보기 어렵다. 따라서 이 경우에는 원그래프가 더 적절하다.
답 원그래프

[그림 12] 고등학교 실용통계 교과서의 통계 리터러시 과제 사례

이경화 외, 2020a, 56

해 실용통계 과목이 추후에 포함되었으나, 김화경 외(2021)에 따르면 통계 리터러시의 함양을 위해 실용통계가 고등학교 수학 교과의 정규 선택 과목으로서 정식으로 2022 개정 수학과 교육과정에 포함될 것으로 예상된다.

나. 통계 포스터 만들기 활동

[그림 13]은 일상에서 접할 수 있는 신문 기사의 예시이다. 다크 초콜릿이 심장 질환에 영향을 미칠 것이라는 가설을 설정하였다는 점을 쉽게 확인할 수 있으나, 피실험자를 어떤 기준으로 모집했는지, 어떻게 모집했는지, 실험군과 대조군은 어떻게 선정했는지 등 데이터 수집과 관련된 정

보는 신문 기사에 드러나지 않는다. 또한 심장 질환의 위험이 줄어든다는 사실은 어떤 지표로 판단한 것인지, 그 지표가 실제 통계적으로 유의미한지 등 데이터 분석과 관련된 정보 역시 신문 기사에는 드러나지 않는다. 다만 다크 초콜릿을 꾸준히 섭취하면 심장 질환을 어느 정도 예방할 수 있을 것이라는 기자의 결과 해석은 확실하게 드러난다.

통계적 문제해결의 각 단계에 비추어볼 때, 신문이나 뉴스 등에서 보도하는 통계 정보는 대체로 조사 질문과 결과 해석만 포함하고 있을 뿐, 데이터의 수집과 분석에 대한 내용은 세세하게 포함되어 있지 않다. 그렇기에 통계 정보의 생산자 입장에서는 자신의 주장을 소비자에게 좀 더 확실

다크 초콜릿 먹으면 심장마비·뇌졸중 위험 줄어들어

최근 들어 초콜릿에 대한 관심이 높아지고 있다. 초콜릿은 기억력 향상, 고혈압이나 심장질환 같은 성인병 예방에 도움이 되는 것으로 알려져 있다.

초콜릿이 인체에 미치는 영향에 대해서는 오래 전부터 연구돼 왔다. 호주 모나쉬 대학 연구진이 심장질환에 걸릴 위험이 큰 남녀 2000명을 대상으로 조사한 결과에 의하면 매일 다크 초콜릿 100g을 먹은 사람은 그렇지 않은 사람에 비해 10년후 심장마비 또는 뇌졸중 위험이 감소하는 것으로 나타났다.

고혈압 같은 질환에도 도움을 줄 수 있는 것으로 전해지고 있다. 독일 쾰른 대학병원 연구진이 발표한 연구 결과에 따르면 고혈압 환자에게 18주 동안 매일 다크 초콜릿을 한 조각씩 먹도록 했더니 혈압이 20% 가까이 떨어졌다. 초콜릿에 체내 산화질소량을 증가시켜 혈관을 깨끗하게 해 주는 폴리페놀 성분이 들어 있기 때문인 것으로 발표됐다. 폴리페놀 성분은 다크 초콜릿에 더 많이 들어 있다. 코코아 함량이 60~70% 이상인 쓴맛의 다크 초콜릿을 건강식과 함께 섭취하고 꾸준히 운동하는 습관을 들이면 좋은 효과를 볼 수 있다고 했다. (이하 생략)

[그림 13] 통계 정보가 인용된 신문 기사 사례

김승수, 2016

하게 전달하기 위해, 잘 드러나지도 않는 데이터의 수집과 분석 과정에서 여러 가지 비윤리적인 유혹에 휩싸일 우려가 있다. 따라서 학생들은 통계 정보를 생산해 보는 통계적 문제해결의 전 과정을 모두 명확히 표현하고 이를 타인에게 설명할 수 있어야 각 단계에서 유의해야 하는 통계 윤리 문제에 대하여 고려하게 된다. 또한 통계적 문제해결의 모든 과정이 담긴 통계 정보가 생산되었을 때, 학생들은 소비자의 입장에서 이를 비판적으로 바라보고 평가하는 경험을 해 볼 수 있다. 이를 위해 통계교육 연구자들이 주목한 것이 바로 '통계 포스터'이다.

통계 포스터는 하나의 종이에 통계적 문제해결의 각 단계를 세세하게 드러내는 것을 원칙으로 한다. 그렇기 때문에 포스터를 만드는 과정에서 학생들은 통계 정보 생산자로서 지켜야 하는 윤리의식을 갖출 수 있게 된다. 또한 발표된 다른 학생들의 포스터를 보면서 통계 정보 소비자로서의 비판의식 또한 갖출 것으로 기대할 수 있다. 이에 주목한 국제통계교육협회(International Association for Statistical Education)에서는 '국제 통계 리터러시 프로젝트(International Statistical Literacy Project)'를 통해 통계 포스터 대회[1]를 운영해 왔다. 우리나라에서는 통계교육원에서 주관해오던 전국학생통계활용대회[2]가 2011년까지는 지필고사 기반의 경시대회 형태로 운영되어 왔으나, 2012년도부터는 [그림 14]와 같이 통계 포스터 출품 형태로 바뀌었다. 이는 그동안의 정형화된 지식 전달에 치중해 온 전통적 통계교육에서 벗어나 통계적 문제해결 경험을 통해 윤리의식과 비판의식을 키움으로써 통계 리터러시를 함양할 수 있는 실용통계 교육의

---

1. http://iase-web.org/islp/
2. http://www.통계활용대회.kr/

리터러시와 시민성교육

[그림 14] 제21회 전국학생통계활용대회 초등부 대상 수상작

통계청, 2020, 10-11

사례로 지금까지도 인정받고 있다.

통계 포스터 만들기 활동의 또 다른 장점은 바로 질적 평가의 용이성이다. 특정 문항의 정답과 오답에 따라 ○와 × 중 하나를 부여하는 결과 중심의 평가로는 학생들의 통계 리터러시를 파악하기도, 통계 리터러시 함양을 위한 적절한 피드백을 제공하기도 어렵다. 2015 개정 수학과 교육과정에서는 과정중심평가를 강조하면서, '수업과 연동된 평가를 실행하고 그 결과를 교수·학습에 반영함으로써 학생의 수학 학습을 돕는 평가'를 하도록 권장하고 있다(이경화 외, 2016, 826). 통계 포스터에는 통계적 탐구 질문과 데이터 수집 과정, 분석 결과, 해석 및 결론에 이르는 통계적 문제해결 과정 전반이 모두 기록되기 때문에, 교사가 일일이 과정을 관찰하지 않아도 프로젝트 평가의 형식을 빌려 과정중심평가를 시행할 수 있다(이정민, 유연주, 2020, 968). 한편으로는 과정중심평가가 필수적인 통계 리터러시 평가를 용이하게 진행할 수 있고, 다른 한편으로는 이러한 평가를 통해 통계적 문제해결의 각 과정에서 학생들에게 적절한 피드백을 제공해 줄 수 있다.

5. 맺으며

리터러시가 본래 글을 읽고 쓰는 능력을 뜻하는 용어였듯이, 통계 리터러시도 본래 통계 정보를 이해하기 위해 필요한 기능을 뜻하는 용어였다. 그러나 교육의 목표에 대한 근본적인 고민으로부터 교육의 변화를 지향하는 사회적 의미가 리터러시에 담기게 되면서, 통계 리터러시 역시 통계 정보가 범람하는 사회를 살아가는 구성원으로서 갖추어야 하는 시민성의 의미를 지니게 되었다. 이에 따라 통계 리터러시는 곧 학교에서 이루어지는 통계교육의 근본적인 목표로 자리잡게 되었고, 통계 리터러시를 함양하기 위한 시민교육으로서 통계적 문제해결 교육과 통계 윤리 교육이 주목받게 되었다. 특히 고등학교 실용통계 교과서와 통계 포스터 만들기 활동에서도 확인할 수 있듯이, 통계적 문제해결의 과정을 학생들이 경험하게 되면 [그림 15]와 같이 합리적, 비판적, 윤리적인 통계 정보의 생산자이자 소비자로서 갖추어야 하는 통계 리터러시를 길러줄 수 있을 것으로 기대된다.

데이터의 유형과 본성이 변화하고 데이터 처리 방법이 발전함에 따라 데이터의 가치는 더욱 높아지고 사람들의 사고방식 또한 데이터에 기반을 두는 방향으로 변화해 나가고 있다(이경화 외, 2021). 알파고와 이세돌의 대결은 인간 사유에 의한 직관과 통찰의 가치를 보여 주는 최후의 보루였던 바둑조차도 데이터와 알고리즘으로 그 메커니즘을 설명할 수 있다는 사실을 드러냈다는 점에서 인류에게 더욱 충격적이었다. 이제 사람

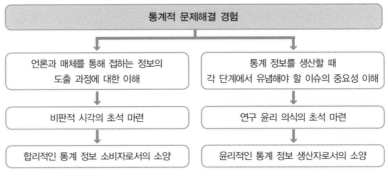

[그림 15] 통계적 문제해결 경험을 통한 통계 리터러시 교육
이경화 외, 2020b, 13

들은 어떠한 주장을 하기 위해 사유의 논리적 정합성보다도 데이터를 통한 실증에 더욱 의존하게 될 것이며, 이는 곧 현대 인류의 전반적인 성향으로 자리잡게 될 가능성이 크다. 통계학은 가장 고전적인 데이터 과학이며, 많은 사람들이 데이터 과학은 낯설어도 통계학은 비교적 친숙하다. 기계학습과 같은 현대 데이터 과학의 분야가 학교 교육과정에 본격적으로 반영되기는 어렵지만 통계학은 이미 수학과 교육과정에 포함되어 있는 만큼, 우선 통계 리터러시 교육을 통해 학생들이 데이터의 가치를 인식하고 데이터에 친숙해지도록 하는 것이 데이터 시대 시민교육의 시작이 될 것으로 기대된다.

참고문헌

강현영, 2012, 통계적 소양의 교육적 의미 고찰, **한국수학사학회지** 25(4), 121–137.
고은성, 2012, **일반학급 학생들과의 비교를 통한 수학영재학급 학생들의 통계적 변이성에 대한 사고 수준 연구**, 서울대학교 대학원 박사학위논문.
고은성, 강현영, 신보미, 이자미, 하병수, 정승호, 지영명, 김은하, 홍창섭, 탁병주, 2017, **실용통계 교육을 위한 교사용 가이드북**, 서울: 한국과학창의재단.
교육부, 2015, **수학과 교육과정**, 교육부 고시 제2015-74호 [별책8].
김승수, 2016. 5. 27., [시선집중] 다크초콜릿 먹으면 심장마비, 뇌졸중 위험 줄어들어, 중앙일보, https://www.joongang.co.kr/article/20085620#home
김화경, 송창근, 이화영, 엄해미, 정종식, 최인용, 이경화, 2021, 고교학점제 도입에 따른 고등학교 수학과 교육과정 제1차 재구조화, **학교수학** 23(2), 291–315.
류희찬 외 25인, 2022, **초등학교 수학 4-1 교과서**, 서울: 금성출판사.
이경화, 강현영, 고은성, 이동환, 신보미, 이환철, 김선희, 2016, 과정 중심 평가의 실행을 위한 방향 탐색, **수학교육학연구** 26(4), 819–834.
이경화, 고은성, 신보미, 탁병주, 김은하, 정승호, 지영명, 구나영, 홍창섭, 윤형주, 양정은, 2020a, **고등학교 실용통계 교과서**, 서울: 씨마스.

이경화, 고은성, 신보미, 탁병주, 김은하, 정승호, 지영명, 구나영, 홍창섭, 윤형주, 양정은, 2020b, **고등학교 실용통계 지도서**, 서울: 씨마스.

이경화, 유연주, 탁병주, 2021, 데이터 기반 통계교육을 위한 수학과 교육과정 재구조화 방향 탐색, **학교수학** 23(3), 361-386.

이영하, 2014, **인문학으로 풀어 쓴 통계교육 원론**, 서울: 이화여자대학교출판부.

이정민, 유연주, 2020, 통계포스터에 나타난 통계적 탐구질문 분석, **학교수학** 22(4), 967-993.

이형근, 김동원, 탁병주, 2019, 타 교과 통계 그래프 분석을 통한 초등학교 수학 수업에서의 그래프 지도 개선 방안 탐색, **한국초등수학교육학회지** 23(1), 119-141.

장경윤, 강현영, 김동원, 안재만, 이동환, 박진형, 정경희, 홍은지, 김민정, 박정선, 지영명, 구나영, 2018, **중학교 수학 1 교과서**, 서울: 지학사.

탁병주, 2017, 통계적 소양 교육을 위한 예비교사의 통계 교수 지식 연구: 표본 개념 지도에서의 활용을 중심으로, 서울대학교 대학원 박사학위논문.

탁병주, 2018, 통계적 소양으로서 자료의 분류 및 표현 활동의 의의: 초등학교 1~2학년군 수학과 교육과정을 중심으로, **한국초등수학교육학회지** 22(3), 221-240.

탁병주, 2021, 통계교육에서 편향(bias) 개념의 의의 탐색, **수학교육철학연구** 3(1), 1-14.

탁병주, 조은애, 2019, 수학적 지식은 집단 합리성에 의한 합의로써 구성되는가? **수학교육철학연구**, 1(2), 76~85.

통계청, 2020, **제22회 전국학생통계활용대회 수상작품집: 초등부**, 대전: 통계청.

홍성복, 이중권, 신태교, 이채형, 이병하, 신용우, 전형숙, 김형균, 권백일, 최원숙, 강인우, 2019, **고등학교 확률과 통계 교과서**, 서울: 지학사.

Bargagliotti, A., Franklin, C., Arnold, P., Gould, R., Johnson, S., Perez, L., Spangler, D. A., 2020, *Pre-K-12 Guidelines for Assessment and Instruction in Statistics Education II: A Framework for Statistics and Data Science Education*, Alexandria, VA: American Statistical Association.

Ben-Zvi, D., Garfield, J., 2010, 통계적 소양, 추론, 사고: 목표, 정의, 난제. D. Ben-Zvi, Garfield, J. (Eds.),

통계적 사고의 의미와 교육, 이경화 외 9인 역, 3-17, 서울: 경문사. (원서출판 2004년)

Brase, C. H., Brase, C. P., 2018, 기초 통계학의 이해, 이승수, 이병학, 서의훈, 이경준 역, 서울: 교우사.

Carr, D., 2011, *Primary Maths 6: Student Activity Book*, Sydney: Cambridge University Press.

delMas, R. C., 2002, Statistical literacy, reasoning, and learning: A commentary. *Journal of Statistics Education* 10(2), DOI: 10.1080/10691 898.2002.11910674.

Franklin, C. A., Kader, G. D., Mewborn, D., Moreno, J., Peck, R., Perry, M., Scheaffer, R., 2007, *Guidelines for Assessment and Instruction in Statistics Education Report: A Pre-K-12 Curriculum Framework*, Alexandria: American Statistical Association.

Gal, I., 2002, Adults' statistical literacy: Meanings, components, responsibilities, *International Statistical Review* 70(1), 1-25.

Kahneman, D., Slovic, P., Tversky, A. (Eds.), 이영애 역, 2010, 불확실한 상황에서의 판단: 추단과 편향, 서울: 아카넷.

List, C., 2005, Group knowledge and group rationality: A judgement aggregation perspective, *Episteme* 2(1), 25-38.

Moore, D. S., Notz, W. I., 심규박, 조태경, 이승수 역, 2018, 개념과 논쟁으로 배우는 통계학, 서울: 교우사.

United Nations Educational, Scientific and Cultural Organization [UNESCO], 2005, *Education for All: Literacy for Life*, Paris: Author.

Wallman, K. K., 1993, Enhancing statistical literacy: Enriching our society, *Journal of the American Statistical Association* 88, 1-8.

4장

음악적 리터러시의 시민교육적 함의

최은아

전주교육대학교 음악교육과 교수

1. 시작하며

　최근 교육 분야에서는 주체적인 삶을 지향하면서도 타자와 함께 살아 가도록 이끄는 시민교육에 대한 논의가 활발하게 전개되어 오고 있다. 시 민 양성을 목표로 하는 교육이념은 우리나라 교육기본법 제2조[1]에 이미 제시되어 있지만, 특히 코로나-19와 같이 개인적으로 해결할 수 없는 뜻 밖의 문제에 직면하면서 상호 존중과 연대의 필요성을 절감하게 되었고, 개인과 공동체 및 공동체에 속한 다른 개인과의 관계에서 요구되는 사고

---

1. 교육기본법 제2조에는 민주시민 양성을 목표로 하는 교육이념이 다음과 같이 명시되어 있 다. "교육은 홍익인간(弘益人間)의 이념 아래 모든 국민으로 하여금 인격을 도야(陶冶)하고 자주적 생활능력과 민주시민으로서 필요한 자질을 갖추게 함으로써 인간다운 삶을 영위하게 하고 민주국가의 발전과 인류공영(人類共榮)의 이상을 실현하는 데 이바지하게 함을 목적으 로 한다."

[그림 1] 시민 개념의 3요소

방식과 행동 양식에 대한 시민교육이 강조되고 있다.

　시민이라는 개념은 '시민 지위, 시민권, 시민성'의 3가지 요소로 구성되는데(김영인, 2020), 여기에서 교육과 밀접하게 관련되는 것은 시민성이다(그림 1). 시민으로서 갖추어야 할 특성인 시민성은 노력으로 획득할 수 있고 교육을 통해 함양할 수 있다는 점이 시민교육의 핵심이다.

　그렇다면 시민으로서 갖추어야 할 자질은 무엇인가? 무엇보다 '관계'로 연결된 공동체 구성원에게 요구되는 자질을 뜻하는 시민성은 자신과의 관계, 타인과의 관계, 공동체와의 관계로 구분할 수 있는데, 장의선 외(2020)는 시민성 지표의 구조도를 제시하였다(그림 2). 민주시민성 지표의 구조도에서 외곽의 큰 원은 시민을 둘러싼 민주적 문화를 의미하고, 개인으로부터 민주적 문화를 향해 뻗어가는 여섯 갈래의 화살표는 민주시민성의 주요 지향점이자 시민교육 목표의 주요 측면들을 가리킨다. 또한 여섯 개의 지표는 독립적으로 배치된 것이 아니라 서로 연결되어 지속적인 상호작용을 하며 발전해 간다. 리터러시(literacy)는 이와 같은 시민성 지표의 하나로서, 비판적 사고와 함께 자율적 주체로 살아가기 위해 필요한 자질로서 제시되어 있음을 알 수 있다.

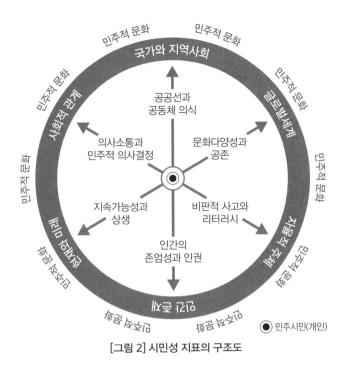

[그림 2] 시민성 지표의 구조도

 리터러시는 무엇보다 미래 사회를 주도해 갈 시민이 갖추어야 할 핵심적인 역량의 하나로 부각되어 왔다. OEDC는 '교육 2030: 미래 교육과 역량'에서 학생의 주도성(agency)을 강조하고 이를 위해 갖추어야 할 역량의 하나로 리터러시를 제시하였다. 미국의 경우, 공통핵심기준(Common Core State Standards Initiative, 2011)에서 리터러시가 언어 영역에만 국한된 것이 아니라 "역사, 사회, 과학 등의 교과 지식 형성의 기초"라고 밝히고 있고, 예술공통핵심기준(Art Common Core Standards)에서 예술적 리터러시 신장이 목표로 설정된 것(National Coalitions for Core Arts Standards, 2013)과 음악공통핵심기준(Music Common Core Standards)에서 음악적 리터러시가 중요하게 다루어지고 있는 것(National Association for

Music Education, 2014) 등이 이러한 흐름을 반영하고 있다.

리터러시의 사전적 의미는 "문자를 읽고 쓸 수 있는 일 또는 그러한 일을 할 수 있는 능력"으로서, 본래 언어 영역에서 사용되었으나 근래 들어서는 비주얼 리터러시, 멀티 리터러시, 컴퓨터 리터러시, 정보 리터러시, 문화 리터러시, 피지컬 리터러시 등 다양한 영역으로 확장되고 있다. 대부분 문자와 언어 중심으로 의사소통이 이루어지던 때에 리터러시는 단지 문자를 읽고 쓰는 능력으로 이해되었지만, 최근 커뮤니케이션의 유형과 매체가 점점 복잡해지면서 상호 간의 의미전달과 의사소통에 문제가 발생함에 따라 다양한 매체에 대한 리터러시가 강조되고 있다. 현대사회에서는 단지 글자를 읽고 쓰는 능력으로서의 리터러시를 넘어 "다양한 맥락과 연관된 기록 자료들을 사용하여 인식·이해·창조·소통하고 산출하는 능력"(Vitale, 2009)으로서의 리터러시가 요구되고 있다.

이와 함께 각 교과에서는 그 교과의 독특한 리터러시 능력이 필요하다는 생각에서 비롯된 '교과 리터러시(disciplinary literacy)'와 '내용 영역 리터러시(content-area literacy)'에 대한 연구가 이루어져왔다(Carney, 2013; Shanahan, 2014; Bernstorf, 2014). 각 교과의 지식은 내용 영역 리터러시를 통해 강화될 수 있으며, 특히 예술, 수학, 음악과 같은 교과에서는 내용 영역 리터러시가 비판적 사고력, 문제해결력을 키우기 위한 중요한 도구일 뿐 아니라 각각의 영역을 서로 돕는 역할을 한다. 그렇다면 음악적 리터러시는 무엇이며, 이는 시민교육과 어떻게 연계되는가?

음악적 리터러시는 기본적으로 '음악을 읽고 쓰는 능력'을 뜻하는데, 최근에는 이러한 개념을 확장하면서 비판적 사고력, 창의적 사고력, 문제해결력 등 보다 넓은 의미에서 재개념화(re-definition)하거나 교육적 가치를 재고찰(re-focused)하려는 노력이 이루어지고 있다. 그렇다면 리터러시가 시민성의 지표 중 하나이며 미래 사회의 시민이 갖추어야 할 역량이라고 할 때, 음악적 리터러시에는 어떠한 시민교육적 가치가 담겨 있는가?

이러한 질문을 출발점으로, 본 장에서는 음악적 리터러시의 개념을 재고하고, 시민교육의 관점에서 음악적 리터러시의 교육적 가치를 탐색하고자 한다.

2. 음악적 리터러시란

가. 일반적 의미의 음악적 리터러시

음악적 리터러시(musical literacy, 음악적 文解力)는 일반적으로 '음악을 읽고 쓸 수 있는 능력'을 의미한다. 즉, 리터러시가 기본적으로 글을 읽고 쓰는 것을 뜻하는 것과 같이, 음악적 리터러시는 음악이 구현된 악보를 읽고 쓰는 능력을 뜻한다. 이와 같은 의미의 음악적 리터러시는 학생들이 독립적으로 음악을 배우기 위해 필요한 것으로서, 전통적인 음악교육이나 연주기반 교육과정에서 중요한 위치를 차지해 왔다(Choksy, 1998).

반면, 현재 우리나라 학교 현장에서는 음악 활동에 대한 비중이 높아지는 가운데, 음악적 리터러시에 대한 관심은 약화되는 경향이 있다. 이는 기본적으로 체계적 학습과 즐거운 음악 경험에 대한 이분법적 사고에서 비롯된다고 할 수 있다. 일반적으로 학교 음악 수업을 통해 음악 개념이나 상징기호를 배우는 것은 음악적 활동과 이를 통해 느끼는 즐거움에 비해 필수적이지 않다고 생각하거나 이 학습이 음악적 활동과 분리되어 있어 즐거움을 반감시킨다는 생각이 널리 퍼져 있는 것이다.

글을 읽지 못해도 말을 잘 할 수 있는 것과 마찬가지로, 악보가 없이도 노래를 부르거나 악기를 연주할 수 있다. 또한 때로는 악보 읽기나 개념 학습에 치중하는 것이 음악적 창조력을 위축시킬 수도 있다. 그러나 음악적 리터러시를 제대로 습득하였을 때 이것을 활용하여 스스로 노래 부르거나 악기를 연주할 수 있는 가능성과 자신의 음악적 상상력을 더 깊고 넓게 펼칠 수 있는 가능성이 높아짐은 논의의 여지가 없다.

음악 교육 분야에서 음악적 리터러시를 강조한 대표적 학자는 헝가리 음악 교육자인 코다이(Kodály, 1882-1967)이다. 무엇보다 모든 사람들의 음악적 리터러시 신장을 음악교육의 핵심에 두었던 코다이는 음악적 리터러시를 "보는 것을 들을 수 있고, 듣는 것을 볼 수 있는(hear what they see and see what they hear) 능력"(Eisen, 2002, 3)으로 정의하고, '음악이 모두의 것'이 되기 위해서는 모든 사람이 음악적 리터러시를 갖추어야 한다고 주장하였다. 음악적 리터러시는 '음악적 세계로 들어가기 위한 열쇠'(Kodály, 1974; Houlahan, Tacka, 2015에서 재인용)로서, 음악적 리터러시를 가르치는 것은 학생들이 이를 통해 더 깊은 음악적 세계로 들어가도록 돕는 일이며, '음악적 리터러시를 배우는 것은 모든 시민의 당연한 권리'이다.

이와 같은 코다이 교수법의 이념을 심도 깊게 연구한 양종모, 서종우(2012)는 '음악 읽고 쓰기'는 음악을 지적(知的)인 단계에서 이해하는 능력의 기초로서, 코다이가 이를 강조한 것은 '음악은 모두의 것'이라는 교육 이념을 구현하는 것이었음을 다시 한 번 강조하였다. 여기에는 기초능력 배양의 중요성과 이러한 능력이 미적 경험을 위한 통로가 된다는 의미가 담겨 있다.

나. 확장된 의미의 음악적 리터러시

기본적으로 언어적 리터러시가 필요한 것이 글을 읽고 쓰는 것뿐 아니라 인간과 세상을 더 깊이 이해하고 소통하기 위해서인 것처럼, 음악적 리터러시가 필요한 것 또한 인간과 세상에 대한 이해와 소통의 지평을 넓히기 위해서이다(Choksy, 1998; Houlahan, 2015). 음악적 리터러시를 강조한 코다이도 음악교육의 지향점을 단지 음악을 잘 하는 사람의 양성이 아니라, 음악을 통해 더 나은 인간이 되도록 돕는 데에 두었다. 이는 다음의 글에 잘 나타나 있다.

> 과학과 예술의 근원은 같다. 각각은 세계를 반영한다. 기본조건은 날카로운 관찰력, 관찰한 삶에 대한 상세한 표현력, 이것들을 더 높은 통합으로 끌어올리는 것이다. 과학적·예술적 위대함의 기반 또한 같다. 그것은 인간이다!(Houlahan, 2015)

이러한 관점에서 코다이는 음악이 모든 사람에게 필요한 것임을 강조하였고, 음악이 삶의 한 방식이 되길 바라면서 음악적 리터러시를 음악교육 시스템의 핵심에 놓았다.

레빈슨(Levinson, 1990)은 음악적 리터러시를 갖춰야 하는 이유가 음악의 표현적 특성을 이해하고, 소통할 수 있고, 음악의 의미를 파악할 수 있는 능력의 출발점이 되기 때문이라고 설명하였다. 장선희(2004)는 음악적 리터러시가 단지 악보를 읽고 쓰는 능력을 가르치는 것이 아니라 음악적 상징기호를 통해 음악적 의미를 이해하고 소통할 수 있는 능력과 인간의 느낌과 생각을 공유할 수 있는 잠재력을 의미하는 것이라고 하였다. 같은 맥락에서 최근 미국은 공통 음악 기준을 개발하고 새로 개정된 음악 공통기준의 근간이 음악적 문해력이라고 밝힌 나프메(NAfME: National Association of Music Education, 2014)는 음악적 리터러시를 "독립적으로 창작·연주·반응의 예술적 과정을 수행함으로써 음악의 원리를 깨닫기 위해 요구되는 지식과 이해"라고 정의하였다.

한편 파이어아벤트(Feierabend, 1997)는 음악이 청각적 예술이기 때문에 음악에서 가장 중요한 것은 귀로 음악을 듣고 들은 것을 이해하고 쓰는 것이며, 리터러시를 갖추기 위해서는 청각적으로 접근해야 한다고 주장하였다. 전통적 의미에서 음악적 리터러시의 무게중심이 음악을 읽고 쓰는 데 있는 반면, 파이어아벤트는 악보를 읽거나 쓰지 못해도 청각적으로 듣고 음악을 통해 표현된 의미를 직관적으로 이해할 수 있다면 음악적 리터러시를 갖추었다고 보았다.

또한 멀티리터러시(multiliteracy)의 관점에서는 음악적 리터러시를 "지각과 기억을 통해 음악의 의미를 만들고 이를 유창하게 표현하기 위해 개발해야 하는 능력, 음악이 발생한 역사, 사회, 문화적 맥락 안에서 다양한 음악을 이해하는 능력"(오지향, 2018)으로 보았다. 그리고 보다 폭넓은 관점에서는 "음악하기와 그 저장 매체의 규칙과 원리를 이해하여 활용할 수 있고, 개개인의 독특한 관계 속에 존재하는 다양한 사회 환경과 상황에서의 음악문화 경험들을 음악성, 창의성, 음악의 역할과 가치에 대한 안목으로 그 본질을 꿰뚫어 이해하여 활용할 수 있는 능력"(윤성원, 2020)으로 정의하였다. 이런 정의들은 음악적 리터러시의 의미가 계속 확장되고 있음을 보여 주고 있다.

이 밖에 음악적 리터러시에 대해 역사적·문화적으로 접근한 연구들과 새로운 기보체계나 그림악보를 제안하는 연구들이 있다. 이러한 연구들은 음악적 리터러시 교육을 위한 시각 자료 개발, 시각 자료와 음악적 사고력의 관계, 음악적 리터러시와 문화의 관계 등에 대한 다양한 관점을 제공해 준다. 인류사회에서 문자가 출현함으로써 독특한 사고방식이나 문화를 기록하였듯이, 음악에서도 악보라는 매개를 통해 음악적 느낌이나 생각을 기록하고, 음악적 아이디어를 보존할 수 있었다. 이와 같이 악보는 음악적 현상을 기호나 문자적으로 표현한 것으로 오선 악보뿐 아니라 글이나 그래프 등을 포함하여 다양한 형태의 악보 등이 포함된다. 따라서 이미 존재하는 다양한 기보 체계, 새로운 기보 체계에 대해 열린 접근이 필요하다.

본 장에서는 음악적 리터러시가 음악적 배움을 위한 기본적인 능력이고, 그것이 타자(他者)와 연결되는 지점이 된다는 것에 주안점을 두었다. 이러한 맥락에서 음악적 리터러시를 "음악을 읽고 쓸 수 있는 능력과 음악 개념에 대한 인지적 이해력 및 소통 능력"에 초점을 맞추어서 사용하고자 한다.

3. 음악적 리터러시와 교육

가. 일반학교 음악교육에서 음악적 리터러시 교육의 필요성

음악적 리터러시는 독립적으로 음악을 배우고 향유하는 데 필요한 기본 능력으로서 일반학교 음악교육을 통해 신장되어야 한다. 일반학교 수업을 통해 이를 배우고 습득하지 않는다면, 사(私)교육을 받거나 음악전문가가 되지 않는 이상 이를 체계적으로 배울 기회를 갖기 어렵고, 별도로 배우기가 어려울 뿐 아니라 이후의 삶 속에서 스스로 배우고자 할 때도 제한을 받을 수 있기 때문이다.

콘(Conn, 2001)은 시각 장애 학생들에게 음악적 리터러시(braille musical literacy)가 필요한 이유를 다음과 같이 제시하였는데, 이는 시각 장애 학생들뿐 아니라 일반 학생들에게도 왜 음악적 리터러시가 필요한지에 대해 잘 설명해 준다.

첫째, 지각하고 내청(inner hearing)할 수 있는 청감각을 계발하기 위해서는 듣고 따라 하는 것을 넘어서 보고 읽을 수 있어야 한다.
둘째, 즐겁기만 하는 것을 넘어서 배움이 일어나고, 음악수업에 온전히 참여하기 위해서는 음악 리터러시를 갖추어야 한다.
셋째, 독립적으로 배울 수 있는 평생학습자가 되기 위해서 필요하다.
넷째, 음악을 자신의 관점에서 해석하기 위해서 필요하다.

무엇보다 공식적으로 음악교과를 처음 접하는 초등학교 음악수업을

126

통해 음악적 리터러시를 신장시키는 것은 매우 중요한 일이다. 초등학교 단계에서는 학생들이 이후의 삶에서 스스로 배워나갈 수 있도록 "배움의 여러 도구들을 자유자재로 활용할 수 있는 힘을 길러주는 것이 필요"(Spranger, 1949)한데, 음악적 리터러시는 음악적 배움을 위한 중요한 도구가 되기 때문이다. 같은 맥락에서, 브라운(Brown, 2003, 46-47)은 "초등학교 학생들은 그들의 삶을 통해 노래하고 연주하길 원하는 어떠한 음악도 잘 배우는 한편 독립적인 음악인으로 성장하기 위하여 악보를 해독하고 음악을 이해할 수 있는 능력 즉 음악적 리터러시를 갖추고 졸업해야 한다"고 하였다.

이홍수(1992)는 특히 초등학교 3-4학년 학생들은 발달 특징상 음악 수리적 사고가 가능하기 때문에 이 시기에 음악적 상징기호를 가르치는 것이 필요하며, 악보를 보고 음의 길이와 높이, 다른 음들과의 관계를 파악하는 한편 이를 음으로 전환할 수 있도록 가르쳐야 한다고 하였다. 또한 음악을 읽고 쓸 수 있는 능력은 박과 리듬, 조성에 대한 개념이 형성되고 악보의 구조적 형성 원리를 감각적으로 경험하고 인지적으로 이해함으로써 습득되어야 하며, 이러한 과정을 통해 습득된 능력이라야 음악을 보다 깊이 이해하고 향유하는 지평으로 나아가는 토대가 될 수 있다고 하였다.

코다이가 언급한 바와 같이, 음악적 리터러시는 음악적 세계로 들어가기 위해 필요한 열쇠와 같은 것으로서, 이를 습득하도록 돕는 것은 일반 학교 교육과정에서 수행해야 할 중요한 과제이다.

나. 음악적 리터러시와 음악과의 핵심역량

교육부(2021)는 '국민과 함께 하는 미래형 교육과정 추진 계획'이라는 문서를 통해 교육에 대한 장기적인 비전과 기본계획의 연계 방안을 제시하면서, 역량 함양을 위한 교육기반 마련의 필요성과 교육기반의 기초가 되는 리터러시 교육의 중요성을 언급하였다. 리터러시란 "교과의 지식과 기능을 적용하여 실생활 문제를 다루는 능력"이고, 리터러시 역량은 "리터러시를 근간으로 삶의 여러 영역에서 복합적인 방식으로 다양한 리터러시를 통합하여 새로운 맥락이나 상황에 맞게 사용하는 능력"으로서, 역량 함양을 위해서는 각 교과의 리터러시가 필요하다고 강조하였다.

'음악적 리터러시 함양을 위한 음악교과 핵심 역량'의 연구에서 박지현(2017)은 '음악적 리터러시 함양'과 '삶 속에서 음악을 향유하면서 소통하도록 돕는 것'을 대전제로 음악과의 핵심역량을 [그림 3]과 같이 제안하였다.[2]

이 연구에 따르면, 우선 음악은 개인 내적으로 수행되는 것과 타인과의 상호작용 속에서 수행되는 것이 있다는 점에서 개인적 측면과 사회적 측면으로 구분되며, 개인적 측면은 다시 음악을 받아들이는 수용의 차원과 수용한 음악을 표현하는 표출의 차원으로 구분된다. 개인의 수용 차원은 음악을 들으며 감각적으로 지각하고 인식하며 아름다움을 느낄 수 있는 '음악적 감성 역량'과 여기에서 더 나아가 음악적 의미를 이해하고 성찰할 수 있는 '음악적 인지 역량'으로, 개인의 표출 차원은 노래나 악기 연

---

2. 주요 내용은 그대로 인용하고 그림의 형태는 일부 수정함.

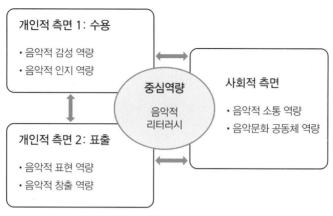

개인적 측면 1: 수용
• 음악적 감성 역량
• 음악적 인지 역량

중심역량
음악적
리터러시

사회적 측면
• 음악적 소통 역량
• 음악문화 공동체 역량

개인적 측면 2: 표출
• 음악적 표현 역량
• 음악적 창출 역량

[그림 3] 음악과 핵심 역량 및 하위 요소

주 등으로 음악적 아이디어를 밖으로 내보낼 수 있는 '음악적 표현 역량'
과 음악을 표현할 때 다양하고 독특한 방식으로 표출하는 '음악적 창출
역량'으로 세분화된다. 한편 사회적 차원은 타인과 음악적으로 교류하는
'음악적 소통 역량'과 이러한 소통과 교류를 통해 음악적 공동체를 형성
하는 '음악문화 공동체 역량'으로 구분된다.

　여기에서 주목할 점은 이와 같은 역량들의 중심에 '음악적 리터러시'
가 놓여있다는 것이다. 즉 이는 음악을 읽고 쓸 수 있는 능력과 음악적 이
해력이 바탕이 되었을 때, 음악을 통한 수용과 표출, 표현과 창출, 소통과
공동체 형성 등이 보다 원활하게 이루어질 수 있음을 나타낸다. 무엇보다
음악적 리터러시는 소리를 활용한 유일한 영역인 음악과 고유의 특성에
기초한 것이자 음악 외적 측면과 소통하는 지점으로서 중요한 의미를 지
니고 있는 것이다.

다. 음악적 리터러시 함양을 위한 교수 설계 방법

 음악적 리터러시가 음악 교과 역량의 하나로 중요한 교육적 가치를 지님에도 불구하고, 학교 현장에서 이에 대한 교육이 활성화되지 않는 것은 대부분 음악적 리터러시를 활동과 분리된 것으로 여기고, 음악적 리터러시를 강조할 때 즐거움이 반감되거나 창의적인 생각이 충분히 발현되지 않을 수 있다는 생각에 기인한다.

 그러나 음악적 리터러시는 역동성, 신체적 움직임, 감각적 경험, 춤, 능동적 배움, 놀이 등에 기초하고 있어서 활동에 기반을 두고 생동감 있는 (life-giving) 방법으로 지도해야 한다. 즉 음악적 리터러시의 형성을 위해서는 내용의 위계와 함께 다양하고 즐거운 활동이 논리적 연관성을 갖고 역동적으로 조직되어야 한다.

 음악적 리터러시의 신장을 음악교육의 목표로 여겼던 코다이는 모국어를 배우는 것과 같이 무의식적 활동을 통해 충분히 듣고 표현하는 것을 경험한 후에 소리를 개념이나 상징기호와 연결시킬 수 있으며, 인지적으로 습득한 개념과 상징기호를 다양한 맥락에서 강화함으로써 실제적으로 활용할 수 있어야 함을 설파하였다. 위계화된 음악적 개념·상징 기호를 제시(presentation)하기 전과 후에 놀이, 신체표현, 언어, 노래, 악기연주, 감상, 그림악보 등을 통해 충분한 준비(preparation)와 연습(practice)이 이루어지는 교수과정이 필요하다. 이는 음악적 리터러시 교육을 위해 어떻게 접근해야 하는가에 대해 중요한 시사점을 제공해 준다. 이를 위한 각 단계의 전략들을 정리하면 [그림 4]와 같다.

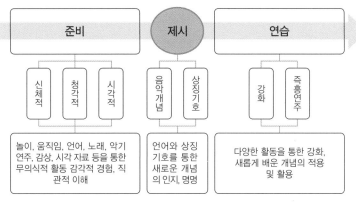

[그림 4] 음악적 리터러시 함양을 위한 교수 설계 방법

① 준비

준비는 새로운 요소를 제시하기 전에, 하나의 개념에 완전히 익숙해질 때까지 움직임·놀이·노래·말리듬·악기·듣기·이야기·그림악보 등 신체적·청각적·시각적 활동들을 통해 새로운 개념을 경험할 기회를 갖도록 하는 단계이다. 이는 한 차시 안에서 이루어지는 도입과는 다른 것으로 여러 차시에 걸쳐 다양한 활동을 통해 이루어질 필요가 있다.

이 단계를 교수하는 데 있어서 중요한 점은 이 단계의 활동들이 제시할 개념이나 상징기호와 연계하는 것이며, 다양하고 즐거운 경험을 통해 직관적 이해와 배움에 대한 열망을 갖고 스스로 음악에 참여하도록 이끄는 것이다. 이를 위해서는 학생들은 무의식적으로 배우더라도, 교사는 각 활동이 무엇을 향해 가고 있는지 명확하게 의식하고 있어야 한다.

② 제시

제시는 준비단계에서 무의식적으로 경험한 것을 인지적인 개념이나 기호로 연결시키는 단계이다. 이 단계에서 교사는 아이들이 답을 찾도록 이끌 분위기, 자료, 질문들을 제공함으로써 아동이 스스로 인지하도록 돕는 촉진자(facilitator)가 되어야 한다. 이 단계에서는 악곡 선정이 매우 중요한데, 이때의 악곡은 새로운 개념을 선명하고 확실하게 습득하기 위해, 기존에 알고 있는 개념과 새로 명명할 요소 이외에는 나오지 않는 단순한 악곡을 선택하는 것이 필요하고, 새로운 음이나 리듬형이 사용된 빈도 수와 음형의 위치 등이 상세하게 검토되어야 한다(Choksy, 1998). 예를 들어, 16분 음표를 가르치고자 할 때 제시 단계에서는 16분 음표 이외에는 모르는 음표가 없고, 적어도 16분음표가 2-3번 이상 나오는 악곡이 적당하다.

③ 연습

연습은 새로운 제재를 통해 제시단계에서 학습한 개념을 발견하거나 다양한 방법으로 복습이 이루어지도록 하는 단계이다. 교사는 이 단계에서 학생들이 청각적, 시각적으로 새로 배운 개념들을 강화시켜 스스로 활용할 수 있도록 도와야 한다. 또한 즉흥 연주를 통해 새로운 개념이 기존의 음악적 인지구조 내에 통합된 것을 표현할 수 있도록 해야 하며, 이를 통해 자연스럽게 음악적 요소나 개념의 습득 여부와 습득한 지식을 적용하고 활용할 수 있는 능력을 평가하고 피드백해 주도록 한다.

4. 음악적 리터러시에 담긴 시민교육적 가치

가. 음악과 예술적 시민성

미국의 음악교육학자 엘리엇(Elliot)은 음악적 이해와 소통··공감을 바탕으로 '예술적 시민성(artistic citizenship)'을 함양할 수 있을 뿐 아니라, 음악을 통해 예술적 시민성을 함양하고 개인과 사회공동체의 발전과 행복에 기여하도록 돕는 것이 음악교육이 나아가야 할 궁극적인 방향임을 강조하였다.

여기에서 엘리엇이 언급하는 '예술적'에 내포된 의미는 보다 포괄적이다. 즉 '예술'이란 전문적인 음악가들만이 할 수 있다고 여겨지는 '순수 예술'에 한정되지 않고, 다양한 형태의 음악 창작과 연주, 감상, 다양한 형식의 음악, 학교나 지역사회에서 사용되는 모든 수준의 음악을 포함하고 있다(이세영, 2016). 또한 '시민'은 하나의 국가나 지역 등에 제한된 것이 아니라 크고 작은 공동체의 구성원으로서 친사회적(pro-social) 삶을 살아가는 사람을 뜻하며, '시민성'이란 이러한 공동체가 공유한 가치, 정책, 이념들을 보존하고 공동체에 유익한 활동에 참여하기 위해 필요한 자질을 의미한다. 따라서 '예술적 시민성'이란 공동체의 구성원으로서 예술을 통하여 공동체에 긍정적으로 기여하기 위해 필요한 태도와 특성 등을 뜻한다. 엘리엇(2012)은 다음과 같이 음악을 통해 예술적 시민성을 함양하기 위해서는 책임감을 갖고 참여하는 것이 중요함을 강조하였다.

음악을 예술적, 맥락적, 윤리적으로 가르치고 배우는 것은 가치있는 노력이지만 충분하지 않다. … 사람들의 정체성은 사회적 활동을 통해, 사회적 상호과정을 통해 변형된다. … 음악교사, 교육자, 학생들은 윤리적인 사회 변화를 위해 다양한 음악적 방식으로 참여함으로써 정체성을 발전시킬 수 있다.

무엇보다 엘리엇은 음악을 하는(musicing) 행위가 음악을 통해 사회적이고 윤리적인 행위를 실천하는 시민교육과 연결된다는 것에 주목하였다. 음악교육은 우선 음악적 지각 및 인지적 이해력을 토대로 연주와 감상을 통해 자신의 내면을 이해하고,[3] 이를 바탕으로 자신과 음악이 속한 세계에 참여하여 다른 사람과 관계를 맺으며,[4] 나아가 공동체에 긍정적인 영향을 끼치는 행동 양식과 사고방식을 갖도록 돕는 역할을 함으로써 시민교육적 가치를 구현할 수 있다(Elliott, 2012).

나. 예술적 리터러시를 갖춘 시민의 특징

2012년 미국의 미디어·아트·음악·연극·미술 협의회로 구성된 'NC-CAS(National Coalitions for Core Arts Standards, 2013)'는 예술 공통기준(National Core Arts Standards)을 마련하면서 '예술적 리터러시(artistic lit-

---

3. 예를 들어 감7도에서는 나의 감정이 불안해지면서 무언가 해결해야 할 것 같은 느낌이 들고, 당김음에서는 들썩거림을 느끼는 나를 만나고, 서정적인 음악에서는 기분이 좋아지거나 우울해지는 나를 경험하고, 특정 조성의 변화나 화음의 진행에 반응하는 나의 감정을 느끼면서 자신을 이해해갈 수 있다(최진경, 2020).
4. 타자(他者)와의 연결에서 초석이 되는 것은 공감이며, 음악적 상상력으로 학습된 공감은 다른 이의 감정과 태도를 이해하고 배려할 수 있는 도덕적 상상력으로 나아갈 수 있다(최진경, 2020).

eracy)을 갖춘 시민'의 양성을 생애 목표(life goals)로 삼고 이를 철학적 배경과 함께 제시하였다. NCCAS가 제시한 예술적 리터러시을 갖춘 시민의 특징은 다음과 같다 (NCCAS, 2013).

첫째, 예술적 리터러시를 갖춘 시민은 아이디어를 표현·소통하는 작품을 만들고 공연하기 위해 다양한 예술 미디어와 상징, 은유들을 독립적으로 사용할 수 있다. 또한 분석과 해석을 통해 다른 사람들과 예술적으로 소통할 수 있다. 오늘날과 같은 멀티미디어 시대에서, 예술은 하나의 미디어로서 소통의 강력하고 본질적인 수단을 제공해 주는 역할을 한다. 예술은 삶의 경험을 전달하고 그 의미를 드러낼 수 있는 독특한 상징체계와 은유[5]를 제공해 주며, 예술적 리터러시를 갖춘 시민은 이를 통해 자신과 다른 사람을 보다 깊이 이해하고 소통할 수 있는 역량을 갖게 된다.

둘째, 예술적 리터러시를 갖춘 시민은 하나의 예술적 원리를 알고 있고, 이를 통해 예술을 창작하고, 연주하고, 감상하는 것과 관련된 활동을 지속적으로 수행할 수 있다. 창작자, 연주자, 감상자로서 예술에의 참여는 각자 자신의 창조적 능력을 개발하도록 돕고, 이는 궁극적으로 생애 만족(lifelong satisfaction)의 원천이 된다.

셋째, 예술적 리터러시를 갖춘 시민은 다양한 역사와 문화 속에서 만들어진 예술작품을 알고 이해할 수 있으며, 다양한 예술작품의 형식과 장르를 스스로 찾고 감상할 수 있다. 역사를 통해 볼 때, 예술은 각 개인과 공동체가 그들의 아이디어, 감정, 믿음을 표현하는 과정에서 본질적 수단

---

5. 리쾨르(Ricoeur)에 따르면, "은유는 일상 언어에 의해 드러나는 것과 다른 현실의 장을 발견하고 열어주는 데 기여하는 것으로서, 은유의 언어는 존재를 이해하는 데 근본적 요소"이다 (정기철, 2002).

을 제공해 왔다. 각 예술의 궁극적 지향점은 같지만, 각기 다른 매체와 기술 등을 통해 접근한다. 이와 같은 예술작품에 대한 이해는 서로 다른 문화와 사회에 대해 통찰하게 하는 한편, 다양한 내용에 접근하고 표현하여 의미들을 통합하도록 한다. 예술적 과정에의 적극적인 참여는 각 개인이 자신의 창조적 잠재력을 발전시키고 실현하도록 돕고, 더 나아가 다양한 시간과 공간에 걸쳐있는 인간조건을 탐구하고 이해하도록 한다.

넷째, 예술적 리터러시를 갖춘 시민은 예술 활동에 참여함으로써 기쁨이나 평화, 의미와 같이 삶을 고양시키는 특질을 발견할 수 있다. 예술적 리터러시를 갖추고 창작자·연주자·청중으로서 예술에의 참여는 정신적, 육체적, 감정적으로 행복(well-being)을 느끼도록 한다.

다섯째, 예술적 리터러시를 갖춘 시민은 예술적 경험을 추구하고, 그들의 지역·국가·국제적 공동체에서 예술을 지원하는 역할을 할 수 있다. 예술 경험에 대한 쾌(快)한 느낌은 자발적으로 이를 다시 추구하게 할 뿐아니라, 다른 사람에게 알리고 싶은 마음을 갖게 한다. 예술은 각 개인들이 그들이 창조하고 준비하는 환경 속에서 다른 사람들과 협동하고 연결될 수 있는 수단을 제공해 주고 예술작품을 공유할 수 있도록 해 준다. 예술적 경험은 주관적·개인적이지만, 사심없이 대상의 아름다움을 추구함으로써 주관적 보편성의 지평으로 나아가 타인과 연대하도록 이끌어준다.

이와 같이 NCCAS에서 제시한 예술적 리터러시를 갖춘 시민의 특징에는 음악적 리터러시를 갖춘 시민의 특징이 함축되어 있다. 예술교육의 한 분야인 음악교육을 통해 음악적 리터러시의 신장은 곧 음악적 아이디어를 표현하고 소통하기 위해 음악적 상징과 은유를 독립적으로 사용할 수 있고, 음악작품의 감상을 통해 인간 조건을 더 깊이 탐구하고 이해할 수 있으며, 삶을 고양시키는 특질을 발견하고 나아가 사회공동체의 음악활동을 지원할 수 있는 시민 양성에 기여하는 것이다.

다. 음악적 리터러시의 시민교육의 가치

지금까지 살펴본 바와 같이, 리터러시를 강조하는 것은 어떤 매체를 읽고 쓰는 능력 그 자체보다는 그와 같은 능력을 활용하여 이해와 소통의 지평을 넓히고, 한 사회의 시민으로 잘 살아가도록 돕기 위함이다. 그렇다면 음악적 리터러시는 어떻게 이해와 소통의 지평을 넓힐 수 있는가? 음악적 리터러시를 갖춘 사람은 사회 속에서 어떤 역량을 발휘하며 살아가게 되는가? 여기에서는 앞서 언급한 시민성의 세 가지 범주인 자신과의 관계, 타인과의 관계, 공동체와의 관계로 구분하여 음악적 리터러시에 담긴 시민교육적 가치를 탐색해 보도록 하겠다.

첫째, 음악적 리터러시 교육은 시민으로서 필요한 개인의 주체성과 정체성 형성에 도움이 된다. 우선 음악적 리터러시는 다양한 음악적 활동과 경험을 통해 함양될 수 있는 것으로서, 이는 청감각 발달과 밀접한 연관이 있다. 그리고 감각이 깨어 있다는 것은 무언가를 스스로 할 수 있고 스스로 느끼고 판단할 수 있는 토대가 되고, 감각의 발달은 주체적인 시민 형성의 기초가 된다. 알베르트 수스만(A. Soesman)은 시민교육에서 감각, 감수성의 계발의 중요성을 보여 주고 있다.

올바른 판단을 내리기 위해서는 상황에 대한 정확한 파악이 필수적이며,

파악은 감각을 통해 이루어지는 것이기에 감각을 훈련하고 섬세한 감수성을 기르는 것은 교육의 기본과제이다(Soesman, 2016).

또한 음악적 리터러시를 통해 습득한 독보력, 음악적 지식과 기능은 자신의 느낌과 생각을 표현할 수 있는 가능성을 확대시킨다. 이는 시민교육의 출발점이 되는 개인의 정체성과 관련된다. 예를 들어 악곡에 담긴 다양한 의미, 정서, 느낌, 표정, 몸짓 등을 음악적 행위로 표현하는 것은 음악을 통해 자신을 표현하는 과정이 될 수 있으며, 자기표현은 자기에 대한 이해(self-understanding)로 이어질 수 있다. 즉 음악의 리듬, 가락, 셈여림, 빠르기 등을 통해 자신이 다룰 수 있는 악기 또는 말과 글을 사용하여 느낌과 생각 등을 표현하는 것은 음악을 통한 자기표현을 도울 뿐 아니라 자기에 대한 보다 깊은 이해로 성장시켜 나아갈 수 있다.

이와 같이 청감각을 바탕으로 음악적 리터러시를 형성하고 음악적 리터러시를 활용하여 자신을 표현하고 이해하도록 이끄는 것은 자신의 중심점을 갖고 고유하는 영역을 자각하도록 돕는 과정이면서, 외부 세계의 다른 존재와 관계를 맺는 데 필요한 기본조건이며 다른 사람과 관계를 맺으며 살아갈 수 있도록 자신에게 힘을 부여하는 과정이라고 할 수 있다.

둘째, 음악적 리터러시의 습득은 음악을 통해 자신을 포함한 인간의 내면을 보다 깊이 이해함으로써 타인과 공감하고 소통할 수 있는 가능성을 확대시킨다. 인간이 음악을 통해 인간의 내면을 이해하고 공감할 수 있는 것은 음악과 인간의 내면이 '비물질성, 비공간성, 시간성, 역동성'이라는 특징을 공유하기 때문이다. 랭거(Langer, 1979)는 이와 관련하여 예술은 감정의 삶에 지식과 통찰력을 주는 상징[6]이라고 하면서, 음악과 감정이 갖고 있는 형식의 논리적 유사성을 다음과 같이 설명하였다.

성장과 쇠약, 흐름과 멈춤, 충돌과 해결, 속도와 정지, 무서운 흥분과 고
요, 미묘한 활성화와 꿈결 같은 추이, 살아서 느껴지는 모든 것의 위대함
과 간결함, 영원한 변천성 등이 정감의 패턴 또는 논리적 형식이다. 그리
고 음악의 패턴은 순수하게 소리와 침묵으로 나타낸 그와 똑같은 형식을
갖고 있다. 음악은 정서적 삶을 음으로 나타낸 것이다.

인간의 내면은 언어 형태보다 음악 형태에 가깝기 때문에, 음악은 언어
가 접근할 수 없는 미묘함과 진실을 갖고 삶의 패턴과 유사한 형식을 통
해 감정의 본질을 보여 줄 수 있다. 이와 같은 맥락에서 음악교육학자 리
머(Reimer, 1989)는 다음과 같은 방법으로 음악이 감정을 표현하고 이를
통해 공감에 이를 수 있다고 설명하였다.

음악에서 선율, 화성, 리듬, 음색, 짜임새, 형식 등에 나타나 있는 심미적
특성은 느껴진 삶의 패턴, 주관적 실체, 생의 조건을 표현하거나 이것들
과 유사하거나 동일한 구조이다. 음악의 미적 특성에 구체화되어 있는
생의 조건을 지각하고, 그 심미적 특성의 표현력에 반응할 때 우리는 그
러한 심미적 특성에 의해 나타난 삶의 느낌을 공감하게 된다.

---

6. 랭거에 따르면, 경험에 형식을 부여하는 상징은 언어로 대표되는 추론적 상징(discursive
symbol)과 예술 작품에 나타나는 표현적 상징(presentational symbol)으로 구별되는데, 내
면의 감정을 이해하기 위해 필요한 것은 바로 표현적 상징이다. 예술 작품에 나타나는 표현적
상징은 구현되는 형식 자체와 형식을 통해 나타내고자 하는 의미가 분리되어 있지 않은 특수
한 종류의 상징이다.

이와 같이 음악을 통해 감정을 느끼고 통찰함으로써, 자신을 포함한 인간의 내면을 이해하고 공감하는 것은 음악적 리터러시가 없이도 어느 정도 가능할 수 있다. 그러나 음악적 리터러시가 있을 때, 음악에 담긴 감정을 보다 깊이 느낄 수 있을 것이다.

예를 들어, 크라이슬러(Fritz Kreisler)가 작곡한 악곡 「사랑의 기쁨」과 「사랑의 슬픔」 중, 「사랑의 기쁨」이 즐겁게 들리는 이유는 점4분음표, 스타카토, 상승하는 음형, 트릴, 악센트 등이 어우러진 쾌활하고 밝은 선율이 왈츠 리듬에 실려 나오기 때문이며, 「사랑의 슬픔」이 슬프게 느껴지는 것은 왈츠 리듬을 타고 느리고 감미롭게 흐르는 애상적인 가단조의 선율로 이루어져 있다는 것에 기초한다. 이 두 곡을 들려주고 기쁨을 표현한 곡과 슬픔을 표현한 곡이 무엇이냐고 물으면 거의 누구나 직관적으로 찾을 수 있을 테지만, 어떠한 음악적 요소로 각 감정을 표현했는지에 대해 인지하면 보다 깊게 이해할 수 있을 것이다. 이런 깊은 이해는 다른 악곡 감상에도 전이되면서 더 깊은 느낌과 통찰이 일어나도록 도울 것이다.

또한 베토벤의 「엘리제를 위하여」는 같은 주제와 서로 다른 분위기의 에피소드(episode)가 번갈아가며 등장하는 론도(Rondo, A-B-A-C-A) 형식으로 되어 있다. 즉, A주제 다음에 다른 주제가 끼어들어도 계속해서 다시 A 주제로 돌아오는 패턴으로 이루어져 있다. 이는 누군가를 사랑하는 마음, 어릴 때부터 꼭 이루고 싶던 꿈 등을 은유하는 형식이라 할 수 있다. 예를 들어, 3/8박자의 가단조로서, pp로 시작되어 순차진행의 부드러운 선율과 도약진행의 동경어린 선율이 흐르는 주제 A는 누군가를 사랑하는 마음을 표현하는 것으로, 다장조로 바뀌면서 밝고 경쾌한 느낌을 주는 B주제는 사랑에 힘입어 활기차게 움직이는 모습으로, 그리고 가단

[그림 5] 크라이슬러, 「사랑의 기쁨」의 A주제

[그림 6] 크라이슬러, 「사랑의 슬픔」의 A주제

조이면서 임시표의 잦은 사용과 반음계적 상승 등으로 긴장감을 고조시키는 C주제는 사랑의 위기를 맞아 심각해진 상태를 표현하는 것으로 받아들일 수 있다.

본질적으로 인간의 내면과 공통적인 특성을 갖고 있는 음악은 언어가 미치지 못하는 미묘하고도 진실된 감정의 본질을 있는 그대로 드러낼 수 있기에, 음악을 통해 인간의 내면을 보다 깊이 이해하는 차원에 이를 수 있다. 이를 위해서는 지속적으로 음악에 귀를 기울여야 하며, 음악적 요소에 대한 지각—반응을 통해 음악 안에서 일어나는 일들을 감지할 수 있어야 한다. 계속해서 귀를 기울여야 B부분이 끝나고 다시 A부분이 돌아왔을 때도 A-B-A로 진행되었다는 것을 알 수 있다. 그리고 음악적 요소들을 인지할 수 있을 때 반복과 변화의 양상 및 이들의 관계가 엮어내는 형식을 파악할 수 있을 것이며, 그 의미가 무엇인지에 대해 보다 잘 파악할 수 있는 가능성이 생길 것이다.

이와 같이 음악적 내용을 이해하고 듣는 것은 A주제만을 듣고 기억하는 것과는 다른 음악적 세계로 나아가도록 도울 뿐 아니라 음악적으로 표

[그림 7] 베토벤, 「엘리제를 위하여」의 A주제

[그림 8] 베토벤, 「엘리제를 위하여」의 B주제

[그림 9] 베토벤, 「엘리제를 위하여」의 C주제

현된 인간 감정의 본질에 대한 통찰을 통해 자신을 객관화시키면서 타인과의 연대, 공감과 소통의 지평으로 나아가도록 이끌 수 있을 것이다.

셋째, 음악적 리터러시를 갖추는 것은 자신이 속한 지역·국가 공동체에서 예술 활동에 참여하고 이를 지원하는 역할을 하며, 나아가 음악을 통해 사회적·윤리적 실천을 하여 공동체에 긍정적으로 기여하도록 이끌수 있다. 예를 들어 이탈리아 작곡가이자 피아니스트인 루도비코 에이나우디(Ludovico Einaudi)가 2016년에 기후 문제로 인한 북극의 위기를 환기시키기 위하여 빙하 위에서 「북극을 위한 애가(Elergy for the Arctic)」를 피아노로 연주하고, 이를 영상으로 제작하여 널리 유포한 것은 음악을 통한 윤리적·사회적 실천의 좋은 예이다.

리터러시와 시민성교육

[그림 10] 루도비코 에이나우디, 「북극을 위한 애가」

일선 학교에서는 이 영상을 활용하여 다음과 같은 활동을 이끌어 낼 수 있다.

■ 영상을 보고 생각 나누기

　– 왜 북극에 가서 피아노를 쳤을까?

　– 북극에 가서 피아노를 치는 것이 기후변화 문제 해결에 어떤 도움을 줄 수 있을까?

　– 사회 문제를 위해 음악이 할 수 있는 일이 무엇이 있을까?

■ 모둠별로 음악영상 만들기

　– 사회적으로 전달하고 싶은 주제 정하기

　– 영상 촬영하기

　– 기존의 음악을 활용하거나 음악을 창작하여 편집하기

　– 음악영상을 공유하고 의견 나누기

[그림 11] 「북극을 위한 애가」 영상 관련 활동

이와 같이 음악적 리터러시를 활용하여 사회적 메시지를 전달하는 활동은 음악이 공동체에 긍정적인 기여를 할 수 있음을 경험하게 하는 한편, 음악을 배우는 의미를 돌아보는 계기를 마련해 줄 것이다.

음악적 리터러시의 시민교육적 함의를 탐색하는 것은 다가올 미래 사회의 새로운 양상들 속에서 음악교육이 나아갈 방향을 탐색하는 것에 다름 아니다. 이상으로 살펴본 바와 같이, 음악을 통해 청감각과 음악적 감수성을 계발하고, 자신을 표현·이해하며, 인간의 내면을 보다 깊이 공감하고 소통하는 한편 자신이 속한 공동체에 긍정적인 영향을 끼치는 시민 양성이라는 교육적 의미가 음악적 리터러시에 함축되어 있음을 알 수 있다. 생애적 관점에서 볼 때, 음악적 리터러시의 신장은 음악에 대한 이해와 향유를 통해 한 사회의 시민으로서 인간과 세상에 대한 이해와 참여의 지평을 넓히고 보다 풍부한 삶을 살도록 이끄는 하나의 도구이자 길이 되는 것이다.

음악적 리터러시의 신장과 음악의 향유가 분리된 것은 아니다. 일반학교 음악교육과정을 통해 기본적인 음악적 리터러시를 갖추었을 때, 이후의 삶 속에서 보다 깊고 보다 넓게 음악을 향유해갈 수 있는 것은 분명하다. 현대사회에서는 인공지능이 할 수 있는 작업이 고도화되고 확대되는 한편, 인간만이 잘 할 수 있는 일이 재조명되고 있다. 변동성, 불확실성, 복잡성, 모호성이 증가하는 미래 사회에서 삶의 균형을 잡기 위해서는 개인적 삶의 의미와 목적, 타인 및 자연과의 연대, 동기부여나 회복탄력성, 삶의 열정 등이 더 필요해질 것이다. 이러한 관점에서 볼 때, 음악적 리터러시에 기초한 음악교육의 활성화는 이성과 감성이 균형 잡힌 시민 양성에 기여할 뿐 아니라 실용주의가 만연한 사회에서 해독제와 같은 역할을 할 수 있으리라 생각한다.

참고문헌

김왕근, 1995, 개혁·세계화·민주시민교육: 시민성의 두 측면—형식으로 보는 관점과 내용으로 보는 관점, **시민교육연구** 20, 한국사회과교육학회, 61-72.

김영인, 2020, **시민교육론**, 한국방송통신대학교 출판문화원.

교육부, 2021, 국민과 함께 하는 미래형 교육과정 추진 계획.

박지현, 2017, 음악적 리터러시 함양을 위한 음악교과 핵심 역량 탐색, **예술인문사회 융합멀티미디어논문지** 7(4), 인문사회과학기술융합학회, 723-731.

양종모, 서종우, 2012, 코다이 교수법의 주요 이념의 해석, **예술교육연구** 10(3), 한국예술교육학회, 101-120.

오지향, 2018, 음악교과에서 멀티리터러시 교육의 의미와 실천방안, **교사교육연구** 57(4), 부산대학교 과학교육연구소, 601-616.

윤성원, 2020, 음악과 리터러시 연구, **음악교육공학** 43, 한국음악교육공학회, 1-19.

이경한, 박상준, 정윤경, 서현석, 정영식, 김성한, 2021, **주제 중심의 시민교육 방법 탐색**, 푸른길.

이세영, 2016, 예술적 시민성의 음악교육적 함의: 음악과 교육과정의 생활화 영역을 중심으로, 서울대학교 대학원 석사학위논문.

이홍수, 1992, **음악교육의 현대적 접근**, 서울: 세광음악출판부.

정기철, 2020, **상징, 은유 그리고 이야기**, 서울: 문예출판사.

장선희, 2004, Music Reading as a Highly Skilled Human Behavior, *East West Education* 21, 101-125.

장의선, 김기철, 박진용, 박태준, 이인태, 2020, **학교 수준 민주시민교육 활성화를 위한 교육과정 개선 방안**, 한국교육과정평가원.

최은아, 2010, 자유교육의 맥락에서 본 음악교과의 존재이유, **교육과정연구** 28(4), 한국교육과정학회, 57-75.

최은아, 2017, 음악적 문해력 신장을 위한 수업 설계 방안, **음악교육공학** 31, 한국음악교육공학회, 61-77.

최은아, 2021, 음악적 리터러시의 시민교육적 함의, **초등교육연구** 32(2), 전주교육대학교 초등교육연구원, 461-469.

최은아, 서현석, 2022, 예비교사의 멀티리터러시 함양을 위한 국어—음악과 통합 수업안 개발 및 효과, **음악교육공학** 50, 한국음악교육공학회, 47-66.

최진경, 2020, 시민교육으로서 실천적 음악교육의 가치 탐색–데이빗 엘리엇의
　　Music M atters 2를 중심으로, 서울대학교 대학원 박사학위논문.

Bernstorf, E., 2014, Disciplinary Literacy: A New Concept or Old as the
　　Hills? http://evankopca.weebly.com/uploads/5/0/3/4/50347893/
　　disciplinary_literacy._a_new_concept_or_old_as_the_hills.pdf.

Boshkoff, R., 1991, Lesson planning the Kodály, *Music Educators Journal* 4,
　　31-34.

Brown, K. D., 2003, An Alternative approach to developing music literacy
　　skills in a transient society, *Music Educators Journal* 90(2), 64-53.

Carney, M., 2013, Disciplinary literacy and pedagogical content knowledge,
　　Journal of Education 193(3), 39-49.

Choksy, L, 1998, *The Kodály Method I*, 3rd(ed.), Pearson.

Common Core State Standards Initiatives, 2015, *Common Core State
　　Standards English Language Arts & Literacy*, CCSSO & NGA.

Conn, J., 2001, Braille, music literacy, *The Annual Conference of the Australian
　　Braille Authority*, 22-24.

Eisen, A., Robertson, L., 2002, An American Methodology: *An Inclusive
　　Approach to Music Literacy*, Lake Charles, LA: Sneaky Snake.

Elliott, D. J., Silverman, M., 2015, *Music Matters: A Philosophy of Music
　　Education (2nd ed.)*, New York: Oxford University Press.

Elliott, D. J., 2012, Music education as/for artistic citizenship, *Music
　　Educators Journals* 99(1), 21-27.

Freire, P., Macedo, D., 1987, *Literacy: Reading the World and the World*,
　　Massachusetts: Bergin & Garvey Publishers. 허준 역, 2006, **문해교육:
　　파울로 프레이리의 글읽기와 세계읽기**, 파주: 학이시습.

Feierabend, J., 1997, *Developing Music Literacy*, Early Childhood Connections.

Houlahan, M., Tacka P., 2015, *Kodály Today: a Cognitive Approach to
　　Elementary Music Education*, Oxford University Press.

Langer, S. K., 1979, *Feeling and Form*, Routledge & Kegan Paul Limited.

Leviso, J., 1990, Musical Literacy, *Journal of Aesthetic Education* 24(1), 17-30.

National Association for Music Education, 2014, Core music standards *(general music)*, NAfME.

National Coalitions for Core Arts Standards(NCCAS), 2013, *National Core Arts Standards: A Conceptual Framework for Arts Learning*, NCCAS.

Reimer, B., 1989, *A Philosophy of Music Education(2nd ed)*, New Jersey: Prentice-hall Inc.

Reimer, B., 2003, *A Philosophy of Music Education(3rd ed)*, New Jersey: Upper Saddle River.

Shanahan, C., 2014, Does disciplinary literacy have a place in elementary school? *The Reading Teacher* 67(8), 636-639.

Soesman, A., 2003, *Die Zwölf.* 서유경 역, 2016, 12 감각, 푸른씨앗.

Sprnager, E., 1949, *Zur Geschichte der Deutschen Volksschule*, German: Quelle & Meyer. 이상오 역, 2004, **슈프랑어의 초등교사론**, 문음사.

Vitale, J. L., 2009, We Don't need No Education: Reflections on Achieving Musical Literacy and the Importance of Unschooling, *Journal of Unschooling and Alternative Learning* 3(6), 1-13.

5장

피지컬 리터러시와 시민교육

신기철

전주교육대학교 체육교육과 교수

1. 리터러시 시대와 체육교육

바야흐로 리터러시 시대라 불릴 만하다. 리터러시는 문해력 또는 문식성으로 번역되는 말로 언어학에서나 쓰이던 개념이었으나 요즈음에는 미디어 리터러시, IT 리터러시, 비주얼 리터러시, 정책 리터러시 등등 리터러시 앞에 온갖 수식어가 붙으면서 그 쓰임새가 넓어졌다. 그래서 이제 리터러시라고 하면 '글을 읽고 쓸 줄 아는 능력'이라는 좁은 의미에 머무르지 않고, 특정 사회나 분야에서의 기본 능력이나 소양의 의미로 통한다(김염, 2010; 신정해, 2020). 광의로 표현하면 사회적 실천과 관계 및 문화에 관한 것으로서 삶과 문화를 이해하고 향유하는 능력으로 볼 수 있다(신기철, 2020; Mandigo, Francis, Lodewyk, Lopez, 2009).

리터러시 세계에 체육도 가세했다. 바로 피지컬 리터러시(physical literacy)이다. 그런데 우리나라에서는 많은 관심과 지지를 받는 모양새는 아닌 것 같다. 사실 거기까지 기대하기 어려운 이유는 체육학 분야에서 크게 주목받고 있지 못하기 때문이다. 국외에서는 피지컬리터러시국제 협회(IPLA: International Physical Literacy Association)도 결성되고 학자들이 꾸준하게 연구를 진행하며 정부와 교육청이 피지컬 리터러시를 정책에 적극적으로 반영하고 있지만, 국내에서는 현재 몇몇 학자들만 관심을 보이는 정도다. 그런데 흥미로운 점은 피지컬 리터러시라는 용어에 대해서, 그리고 체육 분야에서 리터러시가 논의되고 있는 사실에 의아스럽게 생각하는 외부자의 반응이다. 아마도 신체활동을 의미하는 '피지컬'과 인지적 능력에 기반한 언어 감각과 소통을 의미하는 '리터러시'의 조합이 어색해 보이기 때문이다. 좀 더 근본적으로 따져본다면 '피지컬'을 단지 몸이나 신체활동으로 제한하는 인식이 강하게 자리하고 있다는 게 문제의식의 출발점이다. 학교 교과 중에서 몸이나 신체활동에 관한 것은 당연히 체육과와 연관되는 것으로 인식되지만, 한 발 더 들어가면 체육이 정교한 스포츠나 엘리트 체육인 중심의 이미지로 남으면서 일반인과는 유리된 세상의 것처럼 치부되는 경우가 많다. 학교 체육은 엘리트 체육을 지향하면서 행동주의에 기반해 스포츠 기능 중심의 반복 숙달 연습하는 형태로 진행되거나 아예 반대로 공놀이 중심의 자유 놀이로 전락해 운동 능력의 부익부 빈익빈 현상을 양산하고 강화하는 장이 되어 왔던 데에서 기인한 것으로 생각된다. 체육의 핵심인 신체활동이 건강한 삶에 직결되고 중요하다는 것을 알면서도 학교를 졸업한 이후 청년기, 성인기, 노년기를 지내면서 체육이나 신체활동을 삶의 우선순위로 삼는 사람이 얼마나 될까?

건강한 삶에 대해서 더 논의를 하고자 한다. 최근 OECD에서는 DeSeCo 프로젝트 버전 2.0이라 불리는 Education 2030을 발표하면서 건강 리터러시(health literacy)를 제시하며 건강을 행복한 삶의 주요 요소로 강조한 바 있다. '돈을 잃으면 조금 잃은 것이고, 명예를 잃은 것인데, 건강을 잃으면 전부를 잃은 것이다'라는 격언처럼 건강은 삶에 있어서 매우 중요하다. '건강은 개인적인 이슈인가, 사회적인 이슈인가?'라는 물음을 제기해 본다. 건강은 개인 수준에서 다루는 문제이기도 하면서 동시에 공동체 수준에서도 중요하게 다루어야 하는 사안이기도 하다. 우리는 코로나-19라는 팬데믹을 경험하면서 건강을 위해 개인과 공동체가 함께 노력해야 한다는 것을 절실히 느낄 수 있었다. 개인이냐 혹은 공동체냐 어느 한 쪽만 택일해서 그것이 더 옳거나 중요하다고 말할 수 없었다. 그렇다면 건강을 개인적 차원의 이슈로 전제하고 '건강은 몸에 관한 것인가 정신에 관한 것인가?'라는 질문을 해 본다. 건강의 사전적 정의는 신체적으로 질병이 없는 상태를 넘어서 질병이 없는 몸 상태뿐 아니라 정서적으로, 사회적으로 안녕한 상태까지를 포괄한다. 건강의 개념도 몸과 마음, 그리고 사회와 환경과의 온전한 상호작용을 통합적으로 적용하고 있음을 확인해 볼 수 있다.

이처럼 몸으로부터 시작해서 마음과 사회 및 여러 환경을 연관 지으며 통합적으로 접근하는 자세가 필요하고 또 의미도 있지만, 체육에서는 몸, 마음, 사회와 환경을 연계하거나 통합적으로 인식하려는 노력이 학술적으로 논의가 일부 이루어지고 있으나 대중적으로 보편화되지는 않고 있다. 혹자가 체육을 전공했다고 하면 그는 '무슨 운동 하세요?'라는 유형의 질문을 받게 될 가능성이 크다. 앞서 언급했듯이 체육은 곧 운동이나 스포츠로 해석되어 온 것이다. 체육이 몸에 관한 것이고, 몸을 통한 것임을 부인할 수 없다. 사람들은 운동을 설명하기 위한 이론이 존재하고, 운동을 더 잘 수행하기 위한 원리가 존재함을 인정하면서도 오직 오랜 시간을 반복해서 수행해 온 '몸 쓰기' 정도로 국한해 반응하려는 경향을 오랫동안 보여 왔다. 그러나 체육을 오로지 몸을 쓰는 것만으로 이해하고 접근하는 것은 큰 착오이다.

화이트헤드(Whitehead, 2001)가 새롭게 조명되고 있는 피지컬 리터러시는 체육교육에 관한 부정적인 선입견이나 편견을 불식할 수 있는 대안이라 할 수 있다. 피지컬 리터러시는 신체활동의 중요성을 상기시키는 동시에 신체활동에의 지속적인 참여를 권장하는 메시지를 담고 있다. 여기서 신체활동은 한가로운 여가 활동이나 단순한 몸놀림을 지칭하는 것이 아니라 전인적 속성에 기반을 둔 신체활동이다. 즉, 몸으로 행해지는 활동이나 운동은 눈으로 볼 수 있는 현상인데 이것은 눈에 보이지 않는 마음이 몸과 혼연일체로 작용한 결과이기도 하다. 이처럼 피지컬 리터러시는 개인의 몸과 마음이 통합된 차원에 주목한다. 더 나아가 피지컬 리터러시는 개인뿐 아니라 다른 사람과 그리고 자연환경이나 사회적 분위기 등의 여러 환경과의 상호작용을 포함하는 신체활동에 주목한다. 특히 개인의 차원을 넘어서 사회와 자연까지 포괄하는 지점에서 피지컬 리터러시는 시민교육과 자연스럽게 연결된다. 이 글에서는 피지컬 리터러시의 등장과 개념화 과정을 소개하고 피지컬 리터러시가 어떻게 시민교육과 연결될 수 있는지를 탐색하고자 한다.

2. 체육교육의 새로운 의제, 피지컬 리터러시!

20세기 후반부터 시작해 21세기 들어서면서 체육교육의 지향점은 과거와는 전혀 다른 방향성을 갖게 되었다. 이러한 변화의 시작은 체육교육의 학문적 변화와 현장의 반성적인 실천에서 비롯했다고 볼 수 있다. 과거의 체육교육은 전인교육을 말하면서도 실제로는 운동 종목에서의 주요 기술들을 익히거나 체력을 증진하게 하는 등의 신체적인 면에 집중해왔다. 그러나 오늘날의 체육교육은 신체적 영역뿐 아니라 신체활동을 통한 인지적, 정서적, 사회적 영역에서의 통합적이고 균형적인 발전을 도모하면서 웰빙의 삶에 필요한 역량 또는 적극적이고 능동적인 삶의 기술(active life skill)을 길러주는 데 가치를 두고 있다. 이와 같은 체육교육의 패러다임 전환을 요약해서 보여 주는 의제가 피지컬 리터러시이다. 여기서는 체육교육 분야에서 피지컬 리터러시가 어떻게 등장하게 되었고, 이후에 개념이 어떻게 정립되었는지를 살펴보고자 한다.

가. 피지컬 리터러시의 등장[1]

'피지컬 리터러시'라는 용어는 1884년 미국 공병대의 에드워드 매콰이어(Edward Maquire) 대령이 타국의 파견지에서 원시 토착 문화에 관한 기록을 담아 출판한 도서인 *Professional Notes*에서 그 지역의 원주민들이 행하는 다양한 행위와 행사에 대해 신체와 관련된 특징을 묘사하면서 처

---

1. 신기철, 2021, '피지컬 리터러시의 개념 정립 과정에 대한 고찰'에서 내용 일부를 재인용함.

음 등장하였다. 매콰이어 대령은 원주민의 무용이나 기타의 움직임을 포함하는 축제 등을 관찰하면서 그 지역의 문화와 결합된 특징을 포착하고 이를 묘사하면서 피지컬 리터러시라는 용어를 사용하였다(Cairney, Kiez, Roetert, Kriellaars, 2019; Kiez, 2015). 다시 말해서, 그가 관찰한 것은 원주민들의 신체활동 현상이었지만 그것이 단순히 몸으로 움직이는 현상이나 결과가 아니라 몸으로 드러나는 그들의 세계관과 문화였다고 할 수 있다. 원주민들이 자신이 살아가는 세상과 문화 안에서 자신과 타인 및 환경을 이해하고 표현하며 소통하는 방식이 무용이나 기타의 신체 움직임으로 구체화된 것이라 할 수 있다.

한편 케어니(Cairney et al., 2019)에 의하면, 19세기 후반에 산업화에 따른 기계화 문명으로 인해 신체 활동량이 점점 줄어들게 된 생활 방식이 하나의 위험적 현상으로 부각됨에 따라 교육자들은 정신 소양(mental literacy)과 동등하게 피지컬 리터러시의 중요함을 역설하였다.

이처럼 피지컬 리터러시는 이처럼 원래 체육계의 고유 개념이나 용어가 아니라 비체육인들이 일상적 문화를 소개하는 과정에서 쓰이거나 교육계에서 많이 언급된 것이었다. 그러다가 1938년 미국의 국립 체육부에서 이 용어를 사용함으로써 체육계에서도 자주 사용되기 시작했다(Robinson, Randall, Barrett, 2018). 당시 이 용어가 체육 전문가들의 검토를 거쳐 공개적으로 활용된 것이 아니었기 때문에 체육학계나 협회로부터 관심을 끄는 것은 성공하지 못했다. 하지만 그 후 60여 년이 지나고 나서 화이트헤드(Whitehead, 2001)의 제안을 통해 피지컬 리터러시가 다시 주목받게 되었다.

나. 화이트헤드의 피지컬 리터러시[2]

피지컬 리터러시는 마가렛 화이트헤드(Margaret Whitehead)가 체육교육의 정당성을 주장하는 동시에 신체활동 활성화를 추진하기 위한 논의 차원에서 제안한 것이었다. 그의 제안이 미국의 체육교육에 어떠한 영향을 끼쳤는지를 알 수 있는 것은 우리나라의 국가 수준 교육과정에 해당하는 문서에 체육교육의 목표를 신체적으로 교육받은 사람(physically educated person)을 길러내는 것에서 피지컬 리터러시를 갖춘 사람(physically literated person)으로 수정한 것에서 확인할 수 있다(한상모, 유생열, 2019). 화이트헤드가 정의한 피지컬 리터러시의 개념을 변화의 순서대로 제시하면 다음과 같다.

> 피지컬 리터러시는 개인이 신체적으로 매우 다양한 도전적인 상황에서 침착함, 효능감, 자신감을 가지고 움직이는 것이다. 더 나아가 개인이 신체활동에 관여되는 물리적 환경 측면을 읽고, 지식 또는 상상력을 발휘해 어떻게 움직여야 할지를 예측하고 이에 적절하게 대응하는 것을 말한다(Whitehead, 2001).

> 피지컬 리터러시는 삶의 질에 중요한 기여하기 위해 우리의 운동 잠재력을 이용할 수 있는 능력과 동기라 할 수 있다. 인간으로서 우리는 모두 이러한 잠재력을 가지고 있다. 그러나 그 잠재력의 발산은 우리가 살

---

2. 신기철, 2020, '피지컬 리터러시의 개념에 기반한 교육과정 설계 및 실행 담론'에서 내용 일부를 재인용함.

아가고 있는 문화와 우리가 부여받은 운동 능력에 따라 달라진다(White-head, 2005).

피지컬 리터러시는 삶을 위한 신체활동에 대한 참여를 가치 있게 여기고 책임감을 갖도록 하는 동기, 자신감, 신체 역량, 지식과 이해이다(White-head, 2016).

시간이 지나면서 피지컬 리터러시의 개념 변화가 있었으나 철학적인 배경(일원론, 실존주의, 현상학)은 여전히 탄탄하게 자리하고 있다(White-head, 2007). 즉, 신체와 정신은 서로 분리될 수 없고(일원론), 한 개인은 환경과 상호작용함으로써 자신의 정체성을 형성해나가며(실존주의), 자신만의 고유한 경험을 통해 독특한 관점을 가지게 된다(현상학)는 것이다. 또한 신체활동과 관여된 물리적인 '환경을 읽는다'라는 형태로 기술함으로써 피지컬 리터러시를 구성하는 핵심 용어인 리터러시가 지닌 본래의 의미를 신체활동 상황에 접목하고자 한 의도를 보여 주고 있다.

화이트헤트의 피지컬 리터러시는 점차 개념적인 설명이 상대적으로 압축되어 갔지만 개념을 구성하는 요소는 좀 더 분명하게 드러나고 있다. 이 요소들은 화이트헤트가 초기에 피지컬 리터러시의 개념 언급 시에도 포함되었는데 더욱 명확해졌다고 볼 수 있다. 즉 피지컬 리터러시의 핵심적인 개념 요소를 동기, 자신감, 신체 역량, 지식 및 이해로 추출하였다. 아울러 여기에 중요하게 강조하고 싶은 것은 피지컬 리터러시를 각각의 개인에게 주어진 하나의 여정(journey)으로 간주하는 점이다. 이것은 신체활동에 있어서 자신을 누군가와 비교를 함으로써 성취해나가는 것이 아니라 오로지 자신이 꾸준히 참여하고 익숙해지는 것에 관심을 둔다는 점을 의미한다. 굳이 비교가 필요하다면 다른 사람과의 비교가 아니라 자기 자신과의 비교이다. 그래서 피지컬 리터러시는 자신의 능력에 비추어 학습하고 발전하고 성장하고 있음을 알게 하는 것이 중요하다.

다. 피지컬 리터러시 기반 체육 프로그램 사례: 외국 사례를 중심으로

피지컬 리터러시는 체육교육의 목적을 재정립할 뿐 아니라 일반 학생을 대상으로 하는 학교체육을 넘어 엘리트 선수를 대상으로 한 전문체육과 모든 사람을 대상으로 한 생활체육에서 핵심 지향점으로 부상하고 있다. 피지컬 리터러시를 기반으로 한 체육교육에 대해 국가적으로 또는 적어도 체육 전문인들이 관심을 가지고 주도하는 사례를 외국에서 찾아볼 수 있다. 따라서 여기서는 외국의 사례 중에서도 캐나다와 오스트레일리아를 중심으로 피지컬 리터러시를 기반으로 한 프로그램이 어떻게 운영되고 있는지를 개략적으로 살펴본다.

① 캐나다의 사례

캐나다는 PHE Canada에서 피지컬 리터러시 관련 프로그램을 개발하여 보급하고 있다. 이 기관은 1933년에 설립된 국립 협회로 모든 캐나다의 아동과 청소년이 능동적이고 건강하게 살아가게 하는 데 궁극적인 목적을 두고 있다. PHE Canada는 국제 피지컬 리터러시 협회인 IPLA의 정의를 기초로 하면서 여기에 자신들의 독자적인 해석을 가미하여 평생 스포츠 및 신체활동 참여를 유도하기 위한 장기적인 모형과 교육 원리를 제공하고 있다. PHE Canada는 피지컬 리터러시와 관련해 '피지컬 리터러시를 갖춘 개인은 전인으로 발달하는 데 유익한 다양한 신체활동에서 역량을 발휘하며 움직인다'고 정의하였다. 그리고 피지컬 리터러시를 갖춘 사람의 특징을 세 가지로 제시하였다. 첫째, 다른 형태의 움직임을 이해하고 소통하고 적용하고 분석할 수 있는 동기와 능력을 꾸준히 개발한다. 둘째, 광범위한 건강 관련 신체활동에 자신 있게, 능숙하게, 창의적으로, 전략적으로 다양한 움직임을 보여 준다. 셋째, 삶 전반에 걸쳐 자신과 타인, 그리고 환경에 이롭고 건강한 선택을 한다.

또한 PHE Canada는 피지컬 리터러시의 정의를 기반으로 LTAD(Long Term Athlete Development)라는 7단계의 생애주기별 장기간 선수 육성 모형을 제시하고 있다. 이 모형은 생애의 발달 단계에 맞추어 모든 사람을 위한 신체활동과 스포츠를 증진하는 데 초점을 맞추고 있다(그림 1). 즉, 스포츠를 누구나 마땅히 누려야 하는 기본 활동으로 정의하고 어려서부터 운동하는 것을 일상에서 보편화하는 것으로 보고 있다. 이 모형은 나이가 들수록 경쟁에 초점을 두는 집단과 즐기는 것 자체에 초점을 두는 집단으로 나뉜다는 것이 골자이다.

1단계인 Active Start는 0~6세 유아를 대상으로 활동적인 놀이와 게임을 경험하는 것이다. 2단계인 FUNdamentals는 6~8세 아동을 대상으로 잘 구조화된 다양한 신체활동의 발달을 도모하며 기본 움직임 기술을 발달시키는 데 중점을 둔다. 이로써 아동은 균형을 잡으며 움직일 수 있고 자신감을 가지고 피지컬 리터러시의 기초적인 능력을 개발하기 시작한다. 3단계인 Learning to Train은 9~12세의 아동을 대상으로 하며 2단계에서 익힌 기본 움직임 기술을 바탕으로 스포츠에 적용하는 것을 익힌다.

Active | FUNdamen | Learning | Training | Training | Training | Active for
Start | tals | to Train | to Train | to Compete | to Win | Life

[그림 1] LTAD 모형

4단계인 Training to Train은 남자 기준으로 12-16세의 청소년을 대상이 되며, 기본적인 스포츠 기술과 전술을 좀더 전문화된 형태의 신체활동에 통합할 준비를 하게 된다. 5단계인 Training to Compete와 6단계인 Training to Win은 16~23세 청(소)년 및 성인이 대상이며 고도의 수행과 경쟁의 기회를 추구한다. 마지막으로 7단계인 Active for Life는 모든 연령층에 해당하는 것으로서 1~3단계를 탄탄하게 구축하면 현재는 물론 미래의 활동적인 라이프 스타일을 주도할 수 있는 역량을 갖추게 된다.

이처럼 PHE Canada는 좋은 체육 프로그램을 제공하기 위한 표준을 개발하여 긍정적인 체육학습 환경의 기초를 제공하면서 피지컬 리터러시의 함양을 지원하고 있다. 특히 학교 체육에 관련해 PHE Canada는 [그림 2]와 같이 'EDUCATION'이라는 9개의 원리를 소개했다.

EDUCATION이라는 이름은 9개의 원리들의 첫 글자들을 모아 만들어진 것으로 흥미(Enjoyment), 다양성(Diverse), 이해(Understanding), 인성(Character), 능력(Ability), 전체성(Totality), 창의성(Imagination), 지속성(Ongoing), 돌봄(Nurturing) 등을 말한다.

[그림 2] 피지컬 리터러시 함양을 위한 EDUCATION 원리

② 오스트레일리아의 사례

오스트레일리아는 1985년에 설립된 국립 오스트레일리아 스포츠 위원 회인 ASC(Australian Sports Commission)가 Sport Australia라는 홈페이 지를 통해 피지컬 리터러시의 개념적 이해를 도모하고 실제로 피지컬 리 터러시의 함양과 관련된 자료들을 제공하고 있다. Sport Australia는 스 포츠 또는 신체활동을 통해 오스트레일리아 국민의 삶을 향상하는 것에 목적을 두고, 신체활동에 붙박여 있는 다양한 (신체적, 사회적, 정서적, 인지 적인) 혜택을 현실화하기 위해 피지컬 리터러시의 함양을 최우선적인 과 제로 설정하고 있다.

오스트레일리아는 피지컬 리터러시를 아이들에게 활동적인 라이프 스 타일을 향유할 수 있는 동기와 자신감을 주는 지식과 행위를 길러주는 것 으로 재정의한다. 피지컬 리터러시의 적용을 학령기로 국한하는 것으로 보이지만 화이트헤드가 제안한 피지컬 리터러시의 기본 개념과 철학적 배경을 유지하고 있다. 비록 학생들에게 초점을 맞추고 있는 것처럼 보이

리터러시와 시민성교육

지만 어릴 때부터 활동적인 습관이 확립되면 평생 행복하고 건강한 삶으로 가게 된다는 것을 기본 전제로 삼고 있음을 확인할 수 있다. 이를 위해서 학교뿐만 아니라 지역 사회에서 스포츠 프로그램의 개발과 활성화가 중요하고 매일 체육이 가능하게 해야 한다고 선언하고 있다(Sport Australia Position Statement. https://www.sportaus.gov.au). 오스트레일리아에서는 피지컬 리터러시의 함양을 위한 발달 과정을 5단계(Stage 0~Stage 4)로 설정하였다. Stage 0은 사전 기초 단계로 제한적인 형식의 움직임을 수행하거나 탐색한다. Stage 1은 기초와 탐색 단계로서 움직임에 대한 자신의 능력을 익히고 탐색한다. Stage 2는 습득 및 누적 단계로 움직임에 대한 자신의 능력을 기르고 세련화 한다. Stage 3은 고정화 및 숙달 단계로 움직임에 대한 자신의 능력을 수행하고 분석할 수 있다. Stage 4는 전이 및 강화 단계로 움직임에 대한 자신의 능력을 새로운 상황에 전이시킬 수 있다.

한편 구체적으로 피지컬 리터러시의 개발을 위해 오스트레일리아는 교육 체계(framework)를 4개의 차원과 각각의 요소로 구성하여 제시하였다(그림 3 참조). 우선 영역을 살펴보면 '신체적 영역'은 움직임을 통해 습득하고 적용하는 운동 기술과 체력에 관련된다. '정서적 영역'은 움직임 자체에 대한, 운동하려는 동기와 자신감에 영향을 미치는 태도와 정서와 관련된다. '사회적 영역'은 움직임을 하는 중에 다른 사람과의 상호작용하는 것과 관련된다. '인지적 영역'은 움직임을 할 때 어떻게, 언제, 왜 그래야 하는지 등을 이해하는 것과 관련된다. 다음으로 각 영역 내에 다양한 요소들이 포함되어 있다. 신체적 영역에서는 기본적인 움직이나 체력에 관한 것들이 포함되어 있고, 정서적 영역에는 흥미, 태도, 동기와 관

영역	요소		
신체적 움직임을 통해 습득하고 적용하는 운동 기술과 체력 관련	• 움직임 기술 • 기구 활용하며 움직이기 • 물체 투척 • 협응성	• 안정성/균형 • 유연성 • 민첩성 • 힘	• 근 지구력 • 심폐 지구력 • 반응시간 • 속도
심리적 운동 동기와 자신감에 영향을 미치는 태도와 정서 관련	• 참여와 즐거움 • 자신감 • 동기	• 자기 지각 • 자기 규정 (정서적 측면) • 자기 규정 (신체적 측면)	
사회적 움직임 중에 다른 사람과의 상호작용하는 것과 관련	• 관계성 • 협력	• 윤리 • 사회와 문화	
인지적 움직임 시에 어떻게, 언제, 왜그래야 하는지 등 이해하는 것과 관련	• 내용 지식 • 안전과 위험 • 규칙 • 추론하기	• 전략과 계획 • 전술 • 지각적 인식	

[그림 3] 피지컬 리터러시의 체계: 영역과 요소

련한 요소들이 포함되어 있다. 사회적 영역에는 윤리, 협동, 문화적 이슈가 포함되고, 인지적 영역에는 규칙, 전략, 안전 등의 지식 관련 내용이 포함되어 있다.

3. 피지컬 리터러시와 시민교육의 관련성

시민교육은 말 그대로 시민을 대상으로 하는 교육일 것이다. 시민교육의 내용이 무엇인가라는 질문을 한다면 시민에게 필요하거나 시민으로서 갖추어야 할 자질과 역량, 구체적으로는 지식이나 능력, 가치 및 태도 등이 답이 되지 않을까 싶다. 시민교육은 교육 대상자인 시민의 범위를 어디까지로 둘 것인지에 따라서 교육내용도 다르고 결과적으로 시민교육의 의미까지도 달라질 것이다. 두산백과사전은 시민교육에 대해 다음과 같이 진술하고 있다.

> 시민교육은 세계 여러 지역에서 다양한 형태로 등장하고 발전해 나갔기 때문에, 교육 대상과 교육 주제, 교육 형태를 하나의 의미로 명확히 규정하기가 어렵다. 아테네의 시민교육, 영국의 시민교육, 미국의 개인 자질 향상을 위한 교육, 프랑스의 시민 권리 자각 교육, 독일의 이상주의적 개인 도덕과 국민으로서의 권리 및 의무에 관한 교육 등이 시민교육의 사례로 열거되며, 18세기 유럽에서 등장한 계몽사상과 의무교육을 시민교육에 포함시키기도 한다. 이런 점에서 볼 때 시민교육은 반드시 공적인 영역에서 이루어지는 교육으로 한정되지 않으며, 반드시 교육의 형태로 이루어지는 것만도 아니라는 것을 알 수 있다. 운동(movement)이나 개인적 수양도 시민교육에 포함될 수 있다.
>
> [네이버 지식백과] 시민교육 (두산백과)

이하에서는 피지컬 리터러시와 시민교육의 관련성을 논의하고자 하며, 피지컬 리터러시가 시민교육의 또 다른 형태이거나 본질상 같은 것임을 드러내고자 한다. 즉, 피지컬 리터러시를 기르는 것이 시민교육의 적극적인 방안이 될 수 있음을 확인하고자 한다.

가. 전인적 수양: 개인의 온전함으로 공동체에 기여

修身齊家 治國平天下

수신제가 치국평천하

이 문구는 사서삼경 중 하나인《大學》에서 올바른 선비의 길로 제시한 내용이다. 먼저 자기 몸을 바르게 가다듬은 후에 가정을 돌보고 그 후에 나라를 다스리며 그런 다음 천하를 경영해야 한다는 뜻으로서 선비가 세상에서 해야 할 일의 순서를 알려 주는 표현이다. 그런데 흥미롭게도 이 대학의 문구를 동양철학의 대표적인 사고방식과 내용을 시사하는 것으로 활용해 피지컬 리터러시의 개념과 속성을 이해하는 매개체로 활용한 논문(Sum, Whitehead, 2021)이 발표되어 이를 주목해 보고자 한다.

섬과 화이트헤트는 피지컬 리터러시를 중국의 도(道) 사상의 관점으로 접근함으로써 서양 철학의 기반을 초월해 범세계적인 이해의 기반을 넓히고자 하였다. 화이트헤트의 기본 모형(Whitehead, 2010)에서 제안된 내용 즉, 피지컬 리터러시를 함양하기 위해서 동기, 자신감, 신체 역량, 지식, 이해 및 환경과의 상호작용을 길러야 한다는 점을 도 사상의 원리로 풀이한 것이다. 천인합일(天人合一), 무위(無爲), 수양(修養)의 개념과 원리가 피지컬 리터러시와 맞닿아 있음을 세세하게 논증하고 있다. 이와 같은 접근 시도가 의미 있는 이유는 통합적 사고관의 특징을 가진 도 사상이 피지컬 리터러시의 철학적 기반 중 가장 먼저 중요하게 언급되는 일원론(monism)과 통하기 때문이다. 사람이 생각하고 느끼고 움직이고 말하는 것 등이 서로 얽혀 있고, 설령 각각이 구체화 된 것으로 간주된다 하더라도 그것이, 다른 실체의 산물이 아니라는 관점이다. 류의근(2002)이 주장한 것처럼, 인간의 상태는 몸과 마음이 구별될 수 없고 어떤 활동이 신체적인지 인지적인지 구별할 수 없다. 이처럼 일원론 관점에서 마음 기르기는 몸 기르기와 별개의 것이 아니다. 이진수(2005)도 몸과 마음을 닦는 방법은 같다는 사실을 율곡의 주기론을 바탕으로 풀이했는데 마음과 몸이 모두 기(氣)라는 동질성을 갖고 있으며 살아있는 사람은 몸과 마음이 하나로 된 윤리적 실체라는 것이다.

다시 '修身齊家 治國平天下'라는 아홉 글자를 떠올려 본다. 이 문구가 향하는 대상인 선비는 전방위 지식인인 동시에 안빈낙도와 청렴한 삶을 살아가며 도덕적인 모범을 보이는 존재이다. 그런데 선비가 살아야 할 삶의 시작이 자신의 몸과 마음의 수양으로 시작해서 가정과 국가 그리고 온 세계로 그 책임이 확장해 가야한다는 점을 주목할 필요가 있다. 김미란(2014)에 따르면, 교사들의 멘토라 불리는 사회운동가인 파커 J. 파머는 그의 저서 《비통한 자들을 위한 정치학》에서 '민주주의에서 왜 마음이 중요한가'를 다루면서 민주주의를 잘 보존하고 이행하는 데 있어서 마음의 습관을 키우는 것이 중요한 과제라고 강조하였다. 그리고 마음 습관 기르기는 특정한 상황에서의 특정 학습을 통한 것이 아니라 가족, 동네, 교실, 일터, 종교 공동체 등 일상생활이 이루어지는 장소에서 일상적으로 만나는 사람들을 통한다고 하였다. 즉, 이 말은 마음의 습관은 단지 사유라는 이성 작용으로 길러지는 것이 아니라 다양한 환경 속에서의 상호작용 경험과 실행을 통해서 길러지는 것임을 의미한다. 이러한 점에서 개인의 성숙과 함께 공동체의 번영에 기여하는 피지컬 리터러시는 단연 시민교육의 가치를 그대로 보여 주고 있다.

나. 스포츠의 문화성: 축소된 사회로서의 스포츠

피지컬 리터러시의 등장은 기계화로 인한 신체활동의 급감의 위기적 상황을 개선하기 위한 신체활동 참여 활성화와 관련 깊다(Cairney et al., 2019). 여기서 신체활동은 놀이, 게임, 운동, 스포츠, 여가 등 다양한 이름으로 불리고 여러 가지 형태로 실시되고 있는 것들이다. 그런데 스포츠에 주목하기 위해 짚고 넘어갈 점은 최의창(2002)에 따르면 우리가 흔히 알고 있는 스포츠는 경쟁을 기반으로 한 게임 활동으로 이해되지만 사실 독일을 포함한 유럽권에서는 모든 체육적 활동을 의미한다는 것이다. 이런 점에서 최의창(2018)은 체육의 정수, 핵심, 알짬을 스포츠라고 보고, 피지컬 리터러시를 스포츠 리터러시로 고쳐 부르면서 대중적인 스포츠 종목들은 물론 체력운동이나 무용 및 기타 신체활동 전반을 아우른다고 하였다.

본래 '흥겹게 놀다'는 뜻의 disport에서 유래된 스포츠에 대해 프레데릭스(Frederickson, 1960)는 스포츠를 문화적 산물로 바라볼 것을 강조한 바 있다. 사회학자 리트너(Rittner, 1985)는 스포츠 활동과 스포츠성이라는 수식어는 보편적 규범으로 정착되고 동시에 현대적 역할 표현의 특징으로 기능하여 모든 사람들의 보편적인 장식이 되었다고 언급하였다. 그리고 문화학자 카스추바(Kaschuba, 1989)도 스포츠는 과거에 몇 안 되는 기량 높은 선수들이나 프로선수 또는 극소수 부유층만의 전유물이었으나 최근에는 평범한 시민들이 참여하는 일상적 활동이 되었고 모두에게 자명한 행동양식이 되었다고 말했다(송형석, 2005a 재인용). 이제 스포츠는 축소된 사회로 통한다.

한편, 스포츠는 마치 도덕극(morality play)으로도 비쳐진다(김정효, 2010). 도덕극은 중세에 유행했던 연극의 한 장르인데 등장인물에 부여된 우화와 같은 특성을 통해서 도덕적인 교훈을 주는 데 목적을 둔다. 도덕극의 등장인물은 개념이나 가치를 상징하는 존재로 극 중에 반영되는데, 예를 들면 어떤 역할은 용감함을 상징하고, 다른 역할은 정직함을, 또 다른 역할은 악함을 상징하는 식이다(김광요, 박진권, 황성근, 류용상, 김종대, 2010). 스포츠에서 참여자는 스포츠맨십을 가지고 서로 경쟁하는데 이러한 과정에서 '나'와 '너'가 '우리'로 통합되는 가능성을 만들어 낸다. 또한 스포츠는 자유와 평등, 경쟁과 연대, 주체성과 규칙, 질서 등 서로 양립하기 어려운 가치들이 더불어 실현되는 장을 만든다. 이러한 방식으로 스포츠가 인생과 사회의 모델이 되어 사람들에게 다양한 교훈을 전한다는 점에서 일종의 도덕극이라 할 수 있다. 19세기에 영국은 젠틀맨을 육성하는 데 주력하기 위해 세운 퍼블릭 스쿨에 단체 스포츠를 제도화하였는데, 이는 스포츠가 청소년의 인격을 형성하고 연대감과 책임감을 기르는 데 매우 중요한 역할을 했음을 방증한다.

이처럼 스포츠는 단순한 신체활동이나 여가 활동으로 치부하기보다는 인간의 독특한 문화의 한 영역이다(김영선, 2005; 송형석, 2005b). 정종훈 외(1999)에 따르면 스포츠는 전달성, 규칙성, 규범성, 중층성, 관계성을 갖고 있다. '전달성'은 생물학적 유전을 통해 자연적으로 계승되는 사회적 유산을, '규칙성'은 공동체 안에서 타인과의 공통적이고 일관된 약속을, '규범성'은 노동과 여가로 구분되는 선상에서 스포츠는 여가에 해당하는 기준과 형태를 취한다는 것을 의미한다. '중층성'은 집단 전체적으로 보편적인 영역과 특수적인 영역에서 나타나는 것으로 즐거움만을 취한다든가 또는 경쟁 의식을 취한다든가 하는 각 집단에서의 대체적인 경향을 의미한다. 그리고 '관계성'은 하나의 문화는 개별적으로 성립하는 것이 아니고 다른 문화와의 끊임없는 상호작용 안에서 형성된다는 특징을 말한다. 이러한 속성을 지닌 스포츠는 부단히 사회와 상호 간에 영향을 주고받는다. 즉, 스포츠에 참여하는 사람은 자신이 몸담고 있는 사회의 경향성을 고스란히 가지고 스포츠를 향유하면서 스포츠에 사회의 주요 이데올로기와 가치를 반영한다. 반대로 스포츠는 사람들의 삶의 형식인 정치, 경제, 문화 전반에 걸쳐 영향을 주는데 오늘날에는 미디어의 발전에 힘입어 그 영향력의 범위와 속도가 더 커지고 있다.

피지컬 리터러시는 개념적 요소로 동기, 자신감, 신체 역량, 지식, 이해를 포함한다. 이 중에서 지식과 이해는 움직임의 원리만 아니라 스포츠가 갖는 속성 또는 스포츠와 관련된 다양한 이슈에 대한 앎까지도 포괄한다. 그리고 그 앎은 아는 것에 그치지 않고 사회적 행위 양식의 근거가 된다. 스포츠와 환경, 스포츠와 젠더, 스포츠와 기회 균등 등 다양한 이슈에 대해 고민하고, 소통하고, 비판적 사고에 따른 의사결정과 행위를 실행하도록 교육함으로써 바람직한 시민성을 갖추게 할 수 있다.

다. 행복한 삶의 여정: 학교교육과 평생교육

피지컬 리터러시는 체육교육의 새로운 이정표로서 떠올랐지만 그렇다고 해서 학교교육에 국한되는 것이 결코 아니다. 모든 사람에 대해서 공간적으로는 학교를 벗어나 가정, 마을, 사회, 세계로 확장하고, 시간적으로도 유아기부터 시작해 아동기, 청년기, 장년기, 노년기 등으로 그 폭을 넓혀 피지컬 리터러시의 함양과 실천을 강조한다. 그러함에도 불구하고 학령기에 피지컬 리터러시를 체계적으로 갖추어나가도록 조치하는 것의 중요함은 이론의 여지가 없다. 그렇기 때문에 캐나다와 호주의 사례에서도 학교 체육을 우선적으로 고려해 프로그램을 개발하여 적용하려는 노력을 쉽게 확인할 수 있었다. 또한 체육수업 모형의 적용을 통해 피지컬 리터러시를 증진할 수 있음을 경험적으로 드러내는 연구들이 진행되기도 하였다.

두잰과 베(Doozan, Bae, 2016)는 건강한 삶을 증진하기 위해 피지컬 리터러시를 가르치는 것이 중요하다고 보고서 피지컬 리터러시를 기르기 위한 교수 방법으로 이해중심 게임 모형(TGfU: Teaching Games for Understanding)을 적용하였다. 연구 결과, 이해중심 게임 모형을 통해 학생은 체육수업에서 배운 지식과 전략을 다른 과목의 학습과 일상생활에 적용하였고 이전보다 더 자율적이고 비판적인 사고를 한 것으로 나타났다. 그리고 자기 자신을 더 잘 이해하게 되고 더 강한 내적 동기를 가지게 되었다고 하였다. 연구진은 바로 이러한 결과가 화이트헤드가 의도했던 피지컬 리터러시와 맞아떨어지는 부분임을 강조하였다. 이 연구 결과가 보여 주듯이, 학생들은 피지컬 리터러시를 갖추게 됨에 따라서 평생 신체활동에 참여해 향유하고 신체활동의 즐거움을 다른 사람들과 공유하려는 동기를 갖게 된다. 이렇게 피지컬 리터러시에 기반한 체육교육은 신체활동을 증가시키고 건강한 생활양식을 갖추도록 해 준다. 이해중심 게임 모형 외에 시덴도프가 제안한 스포츠교육 모형(Siedentop, 1998)도 피지컬 리터러시와 매우 관련성이 높다고 할 수 있다. 이 모형은 스포츠가 갖는 장점(기능 및 전략 습득, 협동심 고취, 선의의 경쟁, 페어플레이 정신 함양

등)에 주목하면서 유능하고(competent), 박식하며(literate), 열정적인(en-thusiastic) 스포츠인을 기르는 것을 목적으로 삼고 있다. 박식한 스포츠인(literate sportsperson) 양성을 목적으로 함을 제시하고 있듯이, 스포츠의 규칙, 의례와 전통 및 스포츠 수행에 관련된 다양한 역할과 지식에 대한 이해를 도모하고 있음을 확인할 수 있다. 그리고 학생은 각자 팀에 소속되어 다양한 역할(선수, 코치, 심판, 경기 기록자, 트레이너, 행정가, 경기 보조원 등)을 수행하며 책임감을 발휘하고 자기 주도적인 참여를 하게 된다.

4. 미래 사회와 피지컬 리터러시

오늘날 미래 사회 담론은 과거와 비교해 활기를 띠고 있다. 그 이유는 과거에 경험하지 못한 것을 경험하는 현실로 인해 미래를 향한 관심이 더 고조되었기 때문으로 추측된다. 불과 몇 년 전에 지식인들이 시대정신을 전달하는 화두로 4차 산업 혁명이 언급되는가 싶더니, 코로나19 팬데믹으로 '초연결', '초지능', '초융합'이 가능하게 해 주는 인공지능, 사물인터넷, 가상현실 등이 비대면, 비접촉 일상의 한계를 극복하는 대안으로 떠올랐다. 사람들은 이들을 직접 체험하면서 4차 산업혁명에 대한 이해가 높아졌고 일상의 담론으로 살고 있다.

본래 산업혁명은 18세기 중엽 영국에서 시작된 삶의 방식을 변화시키려 한 노력이라 할 수 있다. 과학과 기술에 의존하여 삶을 개선하였다. 그리하여 사회와 경제가 구조적으로 변화하고 발전하는 데 큰 역할을 했다. 이제는 산업혁명이 버전 4.0으로 진입하면서부터 바람직한 인간상에도 자연스러운 변화가 나타났다. 오늘날 기대되는 인간상을 경제협력개발기구 OECD는 DeSeCo 프로젝트와 Education 2030 프로젝트를 통해 단순히 특정 지식이나 기술에 편중한 능력을 갖춘 인재가 아니라 지식과 기능 그리고 태도와 가치가 융합하여 실생활에 적용할 수 있는 역량을 갖춘 인재로 제시하였다. 특히 개인의 수준을 넘어서 공동체와 사회의 행복(well-being)을 궁극적인 가치로 설정해 기본 소양(리터러시)을 바탕으로 새로운 가치를 창출하고, 갈등과 딜레마를 조정하며, 책임감을 실행하도록 강조하고 있다. 이러한 인재상에 반영된 것들을 톺아보면 결국 미래 시민사회의 구성원에게 요구되는 것과 시민교육의 핵심을 알 수 있다.

4차 산업 혁명과 코로나 팬데믹을 경험한 오늘날 삶의 맥락은 점차 사이버 디지털 환경에 중점을 두면서 인간의 활동 영역을 컴퓨터와 인공지능에 위임하는 방향으로 상당 부분 옮겨가는 것처럼 보인다. 바로 이 지점에서 문제의식이 생긴다. 이와 같은 삶의 맥락적 변화가 신체활동을 감소하는 패턴을 만드는 원인이 된다면 과연 이를 낙관적으로 바라볼 것인가이다. 사실 화이트헤드가 피지컬 리터러시에 주목한 이유가 산업혁명이 거듭될수록 기계 문명에 의존한 삶의 방식으로 인해 점차 신체 활동량이 감소하는 문제점을 심각하게 인식하고 이것을 개선하기 위해 신체활동 참여 활성화에 초점을 두었다는 것을 상기할 필요가 있다. 다시 말해서 산업혁명이 인간이 향유할 수 있는 여가를 창출하는 결과를 가져왔다고 한다면 그렇게 창출된 여가는 인간의 건강과 행복을 증진할 수 있도록 활용되어야 하며, 그것을 위해 신체활동의 활성화가 기초가 될 필요가 있다. 미래 사회에 신체활동의 활성화가 중요하게 고려되어야 하는 이유는 사이버 디지털 환경이 강화될수록 실제 생활에서의 신체활동의 직접적인 체험과 소통이 중요성을 가지기 때문이다. 사이버 세상에서도 얼마든지 소통이 이루어질 수 있기는 하지만 그러한 소통이 왜곡되지 않고 서로에게 상호 이해와 정상적인 효과를 창출할 수 있으려면 곧 오프라인 세상에서의 몸 중심으로 지각하고 생각하는 경험이 바탕이 되어야 한다. 대면 방식, 접촉 방식의 활동과 소통을 통해 축적된 지각과 사고가 비대면 상황과 비접촉의 가상현실 맥락에서 이루어지는 활동과 소통에서도 이성 및 감성의 토대가 될 수 있다.

박정준과 유창완(2017)은 미래 교육으로서의 체육교육은 감성 중심 교육이 되어야 한다고 주장한 바 있다. 그들은 감성 중심의 교육이 이성과 덕성을 균형 있게 성장할 수 있도록 해 주는 조건이 되기 때문에 중요하다고 하였다. 그리고 아리스토텔레스가 강조한 덕(arete)을 언급하면서 삶 속에서 실현되는 '실천적 앎'의 중요함 그리고 절제와 인내가 행동의 습관을 통해 길러질 수 있음에 주목했다. 다시 말해서 행동과 습관의 동기이자 지속 에너지로 작용하는 감성은 건강한 몸과 체력을 필수불가결한 바탕이기 때문에 신체활동은 매우 중요한 가치를 지니게 된다.

미래 사회는 과학과 기술의 발달에 따라 또다시 혁신되고 새로운 문화를 만들어 갈 것이다. 그러한 혁신과 변화가 인류에게 행복을 가져다 줄 것으로 기대되지만 반대로 기대와 달리 건강에 이롭지 못하고 나아가 불행의 결과를 초래할 수 있음에도 유의할 필요가 있다. 기계 문명화로 인해 신체의 수고로움을 경감시켰지만 환경 파괴의 심각한 문제를 발생시켜 삶의 생태계를 위협하는 위기를 촉발한 것처럼 움직임과 신체활동의 축소가 개인의 건강과 행복에 위기를 초래할 수 있다. 따라서 환경 보호의 절실함처럼 우리에게는 몸 자체와 몸의 움직임을 유지하려는 노력도 절실히 요구된다. 그리고 그러한 움직임과 신체활동을 통해 개인의 감성을 적극적으로 발현할 수 있도록 해야 할 것이다. 신체활동에 참여하면서 환경과 세계, 그리고 자신과 타인과의 상호작용을 통해 건강한 시민으로 성장할 수 있도록 해야 할 것이다.

참고문헌

김광요, 박진권, 황성근, 류용상, 김종대, 2010, **드라마 사전**, 경기: 도서출판 문예림.

김미란, 2014, 2015 시민교육을 위한 MAP(Make, Analysis, Plan), **오늘의 시민교육을 돌아보다: 시민교육의 현실과 전망**, 민주화운동기념사업회·경희대학교 후마니타스 칼리지·사단법인 시민 공동 주최 시민교육 심포지엄 자료집.

김염, 2010, TV 뉴스를 활용한 문화적 리터러시 교육 연구, **한국언어문화학** 7(1), 59-80.

김영선, 2005, 현대 운동문화의 신화와 비판, 체육사상연구회, 2005, **스포츠 반문화**, 서울: 도서출판 무지개사.

김정효(역), 2010, **스포츠 문화를 읽다**, 서울: 레인보우 북스.

류의근, 2002, **지각의 현상학**, 서울: 문학과 지성사.

박정준, 유창완, 2017, 미래사회 학교교육의 변화에 따른 체육교육의 방향 고찰, **한국스포츠교육학회지** 24(2), 1-17.

송형석, 2005a, 사회문화적 관점에서 본 스포츠와 건강, 체육사상연구회, 2005, **스포츠 반문화**, 서울: 도서출판 무지개사.

송형석, 2005b, 현대사회에서 스포츠 문화의 역할, 체육사상연구회, 2005, **스포츠 반문화**, 서울: 도서출판 무지개사.

신기철, 2020, 피지컬 리터러시의 개념에 기반한 교육과정 설계 및 실행 담론, **초등교육연구** 31(2), 573-583.

신기철, 2021, 피지컬 리터러시의 개념 정립 과정에 대한 고찰, **미래융합교육** 1, 1-15.

신정해, 2020, 문화적 리터러시로서 K-POP 스타의 현상학적 고찰: 방탄소년단을 중심으로, **리터러시 연구** 11(4), 67-93.

이진수, 2005, 진원의 기와 호연의 기, 체육사상연구회, 2005, **스포츠 반문화**, 서울: 도서출판 무지개사.

정종훈, 김종표, 오성기, 이준희, 정광복, 김유수, 1999, **체육원리**, 부산: 동아대학교 출판부.

최의창, 2002, 스포츠교육과 체육교육: 스포츠교육론 서설, **한국체육학회보** 80, 19–27.

최의창, 2018, **스포츠 리터러시**, 서울: 레인보우 북스.

한상모, 유생열, 2019, 초등체육의 인식론적 검토: 체육교육의 조건, **한국초등체육학회지** 25(3), 19–34.

Cairney, J., Dudley, D., Kwan, M., Bulten, R., Kriellaars, K., 2019, Physical literacy, physical activity and health: Toward an evidence-informed conceptual model, *Sports Medicine* 49(3), 371-383.

Cairney, J., Kiez, T., Roetert, E, P., Kriellaars, D., 2019, A 20th century narrative on the origins of the physical literacy construct, *Journal of Teaching in Physical Education* 38, 79-83.

Doozan, A., Bae, M., 2016, Teaching physical literacy to promote healthy lives: TGfU and related approaches, *The Physical Educator* 73, 471-487.

Kaschuba, W., 1989, Sportivitat: Die karriere eines neuen leitwertes, *Sportwissenschaft* 19, 154-171.

Kiez, T., 2015, *The Impact of Circus Arts Instruction on the Physical Literacy of Children in Grades 4 and 5.* Retrieved June 27, 2018, from https://mspace.lib.umanitoba.ca/xmlui/bitstream/handle/1993/30711/Kiez_Tia.pdf?sequence=4&isAllowed=y

Mandigo, J., Francis, N., Lodewyk, K., Lopez, R., 2009, Physical literacy for educators, *Physical Health Education 75*, 27-30.

Rittner, V., 1985, Sport und gesundheit: Zur ausdifferenzierung des gesundheitsmotives im sport, *Sportwissenschaft* 15, 136-154.

Robinson, D., Randall, L,, Barrett, J., 2018, Physical Literacy (Mis) understandings: What Do Leading Physical Education Teachers Know about Physical Literacy?, *Journal of Teaching in Physical Education* 37, 288-298.

Siedentop, D., 1998, What is sport education and how does it work? *Journal of Physical Education, Recreation, and Dance* 69(4), 18-20.

Sum, R. K., Whitehead, M., 2021, Getting up close with Taoist: Chinese perspectives on physical literacy, *Prospects* 50, 141-150.

Whitehead, M., 2001, The concept of physical literacy, *European Journal of Physical Education 6*, 127-138.

Whitehead, M., 2005, *PE for Today's Children*, Roehampton: Presented at the Primary Physical Education Conference.

Whitehead, M., 2007, Physical literacy: Philosophical considerations in relation to developing a sense of self, universality and propositional knowledge, *Sport, Ethics, & Philosophy* 1, 281-298.

Whitehead, M., 2010, *Physical Literacy: Throughout the Lifecourse*, London: Routledge.

Whitehead, M., 2016, *Physical Literacy*, International Physical Literacy Association.

6장

디지털 리터러시 교육의 방향

정영식

전주교육대학교 컴퓨터교육과 교수

1. 디지털 리터러시의 필요성

교육부는 2020년 3월 코로나 19가 전국적으로 확산되자 사상 초유의 온라인 개학 발표와 전국의 초중등학교를 대상으로 전면적인 원격수업을 발표하여 본격적인 디지털 교육 혁명이 시작되었다. 코로나 19는 우리나라뿐만 아니라 전 세계의 많은 국가의 학교 교육에도 영향을 미쳤다. 2020년 4월 기준으로 165개국에서 14억 명 이상의 학생들이 수업 중단이 되었는데, 이는 전 세계 학생 수의 84.5%에 달한다. 또한 2020년 3월부터 2021년 10월까지 학교가 70주 이상 부분 또는 전체가 휴교한 국가의 수는 〈표 1〉과 같이 210개국 중에서 24개국이었고, 우리나라는 76주 동안 휴교가 지속되었다(유네스코, 2021).

교육부는 단계적 온라인 개학을 추진하면서 실시간 쌍방향 수업, 콘텐츠 활용 수업, 과제 중심 수업 등 다양한 형태의 원격 수업을 제시하였다.

<표 1> 국가별 학교 휴교 현황

국가명	휴교 기간(주)	순위	국가명	휴교 기간(주)	순위
우간다	83	1	칠레	77	13
볼리비아	82	2	콜롬비아	77	14
인도	82	3	인도네시아	77	15
네팔	82	4	대한민국	76	16
온두라스	81	5	페루	75	17
파나마	81	6	파라과이	74	18
엘살바도르	80	7	방글라데시	73	19
아르헨티나	79	8	멕시코	71	20
코스타리카	79	9	스리랑카	71	21
에콰도르	79	10	미국	71	22
과테말라	79	11	베네수엘라	71	23
브라질	78	12	쿠웨이트	70	24

https://en.unesco.org/covid19/educationresponse#durationschoolclosures

1990년대부터 [그림 1]과 같이 교육정보화 사업을 꾸준히 추진해 온 결과, 전면적인 원격 수업이 시행되었음에도 불구하고 비교적 안정적인 '무중단 교육 서비스'를 제공하는 데 크게 기여하였다. 다만 2020년 초기에는 서버 과부하로 인해 불편함이 있었으나, 이후에 행·재정적 지원이 뒷받침되어 원격 수업도 안정을 되찾았다.

그러나 한국교육학술정보원은 2020년 7월에 전국의 초중등학교 교사를 대상으로 설문한 결과에 따르면, [그림 2]와 같이 원격 수업으로 인해 학생들의 학습 격차가 더 커졌다고 응답한 교사가 79.0%에 달하였다(계보경 외, 2020). 2021년 조사에서 원격수업 때문에 학생들의 학습 수준 격차가 심화되었다고 응답한 교사는 54.5%이었다(이두휴 외, 2021). 원격수업으로 인해 학생 간 학습 격차가 발생한 원인은 무엇일까?

[그림 1] 교육정보화 추진 단계

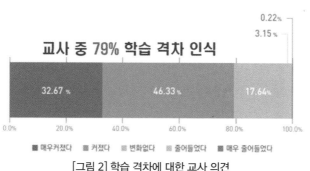

[그림 2] 학습 격차에 대한 교사 의견

첫째, 교사의 디지털 교육 역량 차이가 있기 때문이다. 디지털 활용 교육은 전통적인 교수 역량에 더하여 원격 수업 상황에서 디지털 기기나 응용 프로그램을 수업 목적과 내용, 방법에 맞게 잘 다룰 수 있어야 한다. 그러나 그동안 교사들에게 ICT 교육, 이러닝, 스마트교육, SW 교육은 다양한 수업 방법 중 하나였고, 따라서 관심이 있는 일부 교사만 활용하였기 때문에 갑작스러운 전면적인 원격 수업 도입으로 디지털 역량이 부족한 교사들은 Zoom 등을 활용한 실시간 쌍방향 수업이나 디지털 콘텐츠 중심 수업 등에서 대면 수업만큼의 수업 역량을 발휘하는 데 어려움을 겪었다. 그러나 평상 시 디지털 교육 역량을 갖춘 교사들은 큰 어려움 없이 비대면 수업을 준비할 수 있었고, 다양한 상호작용 도구를 활용하여 수업을 질을 높일 수 있었다. 따라서 교사의 디지털 교육 역량 차이는 자연스럽게 학생들의 학습 격차로 이어질 수 있다.

둘째, 학생들의 디지털 리터러시 격차가 발생했기 때문이다. 정진명 외(2020)에 따르면 학생들의 디지털 리터러시는 〈표 2〉와 같이 남학생(57.32)보다 여학생(62.10)이 더 높고, 초등학교(4.78)보다 중학교(11.94)의 격차 2.5배 컸다. 또한 이러한 디지털 리터러시 격차는 학교급이 올라갈수록 더욱 심화되었다. 특히 컴퓨터 교육 경험이 없는 학생의 디지털 리터러시가 더 낮고, 교과 수업으로 컴퓨터 교육을 받은 학생의 디지털 리터러시는 상대적으로 높은 것으로 나타났다.

〈표 2〉 학교급별/성별 디지털 리터러시

구분		사례수	평균	표준편차	t
초등학교	남학생	4,833	57.32	25.65	−9.23
	여학생	47,78	62.10	25.11	
	전체	9,611	59.69	25.49	
중학교	남학생	6,478	59.16	27.48	−26.59
	여학생	6,205	71.10	23.00	
	전체	12,683	65.00	26.08	

정진영 외, 2020

셋째, 학생들의 디지털 리터러시 수준이 크게 감소하였다. 한국교육학술정보원은 전국의 초·중학교 학생들을 대상으로 국가 수준의 디지털 리터러시를 매년 측정하고 있는데, 그 결과를 살펴보면 [그림 3]과 같이 초등학교 4~6학년의 디지털 리터러시가 2011년부터 점차 감소하고 있다. 2018년에는 컴퓨팅 사고력을 포함한 새로운 디지털 리터러시 검사

도구를 개발하여 측정하였으나, 여전히 2019년에도 디지털 리터러시는
감소하였다.

구분	사례수	최솟값	최댓값	평균
2010년(4~6학년)	12,166	0	100	57.42
2011년(4~6학년)	12,395	3	100	60.48
2012년(4~6학년)	11,877	0	100	56.94
2014년(4~6학년)	12,411	0	100	57.20
2015년(4~6학년)	13,866	0	100	55.63
2016년(4~6학년)	6,383	3	97	53.51

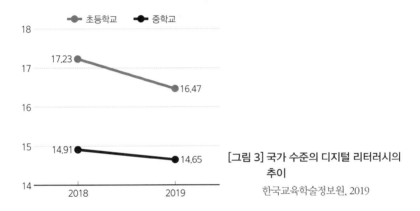

[그림 3] 국가 수준의 디지털 리터러시의
추이

한국교육학술정보원, 2019

  초중등 학생들의 디지털 리터러시가 감소한 이유는 초등학교에서의
정보 교육이 크게 약화되었기 때문이다. 2000년대에 초등학교 1~6학년
을 대상으로 주당 1시간씩 6년간 204시간을 교육했던 것에 비해, 2015
년 개정 교육과정에서는 17시간으로 국한되어, 초등학교 정보 교육 시
간은 6년간 전체 수업 시간(5,892시간) 중 0.28%를 차지하였다(김유향 외,
2019). 2015 개정 교육과정에서 SW교육을 강화시켰다고 했지만, 수업 시
수만을 비교했을 때 결코 강화된 것이 아님을 알 수 있다. 중학교 역시 선

택 과목에서 필수 과목으로 전환되었지만 34시간만 운영되는 학교가 많아 중학교 3년간 전체 수업 시간인 3,366시간의 1%를 차지하였다. 특히 창의적 체험활동을 중심으로 한 비교과 활동에서도 정보교육 시간은 감소하였다. 이전 교육과정에서는 '정보 통신 활용' 교육이 창의적 체험활동의 범교과 학습 주제에 포함되어 있었으나, 2015 개정 교육과정에서는 이를 삭제하여 사실상 비교과 활동에서의 정보 교육 근거도 사라져 '정보 교육의 암흑기'에 접어들었다.

교육이 기술을 앞서지 못하면 느린 성장과 불균등이 심화된다고 한다. 이러한 현상은 코로나로 시작된 원격 수업 상황에서 상위권 학생의 실력은 대부분 유지되었지만, 중위권과 하위권은 실력이 더 떨어졌다는 설문 결과를 보더라도 알 수 있다(이두휴 외, 2021). 따라서 디지털 교육 혁명 시대에 걸맞게 학생의 디지털 리터러시를 함양하고, 교사의 디지털 교육 역량을 키울 수 있도록 노력해야 한다.

2. 디지털 리터러시의 개념과 특징

2015 개정 교육과정에서는 교과 활동과 창의적 체험활동, 학교생활 전반에 걸쳐 학생들이 기본적으로 갖춰야 할 능력으로 6대 핵심 역량을 제시하였다(그림 4). 그 중에서 디지털 리터러시와 관련된 핵심 역량은 지식 정보처리 역량으로서, '문제를 합리적으로 해결하기 위하여 다양한 영역의 지식과 정보를 처리하고 활용할 수 있는 능력'으로 정의하였다(교육부, 2015).

[그림 4] 2015 개정 교육과정에서의 핵심 역량

디지털 리터러시(Digital Literacy)는 디지털 기술을 사용할 줄 아는 능력과 언제 어떻게 사용할지를 아는 능력을 의미한다(Rubbla et al., 2007). 즉, 디지털을 이해하고, 활용할 수 있는 능력을 의미한다. 김수환 외(2017)는 디지털 리터러시를 디지털 사회 구성원으로서의 자주적인 삶을 살아가기 위해 필요한 기본 소양으로 윤리적 태도를 가지고 디지털 기술을 이해·활용하여 정보의 탐색 및 관리, 창작을 통해 문제를 해결하는 실천적 역량으로 정의하였다(김수환 외, 2017).

가. 디지털 리터러시의 구성 요소

디지털 리터러시의 하위 구성 요소도 연구자마다 다르게 제시하고 있는데, 이현숙 외(2019)는 디지털 리터러시의 구성 요소를 기능적 기술, 창의성, 비판적 사고, 사회문화적 이해, 협력, 효율적 소통, 정보 검색과 선택 능력, 디지털 안전을 포함하였다. 김수환 외(2017)는 디지털 실천 역량, 디지털 테크놀로지 이해와 활용, 디지털 의식과 태도, 디지털 사고력을 제시하였다.

국제 컴퓨터 · 정보소양(ICIL)에서는 디지털 리터러시를 [그림 5]와 같이 디지털 정보와 컴퓨팅 사고력을 구분한다. 디지털 정보(DI: Digital Information)는 컴퓨터 이해, 정보 수집, 정보 생산, 디지털 의사소통을 포함하고 있으며, 컴퓨팅 사고력(CT: Computational Thinking)은 문제의 개념화, 해결 방안의 조작으로 구분하였다(상경아 외, 2016).

[그림 5] ICIL의 디지털 리터러시의 구성 요소
상경아 외, 2016

한국교육학술정보원(2019)은 〈표 3〉과 같이 국가 수준의 디지털 리터러시 요소를 크게 ICT(Information Communication and Technology) 요소와 CT(Computational Thinking) 요소로 구분하였다. ICT 요소는 정보 탐색, 정보 분석 및 평가, 정보 조직 및 창출, 정보 활용 및 관리, 정보 소통 등 5가지로 구분하였고, CT 요소는 추상화와 자동화로 구분하였다.

영국의 Improve & Education(2011)은 [그림 6]과 같이 개인 중심의 디

〈표 3〉 국가 수준 디지털 리터러시의 구성 요소

구분		정의
ICT 요소	정보의 탐색	문제해결에 필요한 정보를 효율적이고 안전하게 탐색할 수 있는 능력
	정보의 분석 및 평가	탐색한 정보가 문제해결에 유용한지 분석하고 정확성과 신뢰성을 평가하여 문제해결에 적절한 정보를 선택할 수 있는 능력
	정보의 조직 및 창출	문제해결을 위해 필요한 정보를 선택하여 재조직하거나 새로운 형태의 정보로 창출할 수 있는 능력
	정보의 활용 및 관리	정보를 안전하고 효율적으로 분류·저장하여, 자신의 정보를 보호하고 타인의 권리를 침해하지 않도록 올바르게 활용하는 능력
	정보의 소통	정보의 종류와 목적에 따라 효과적으로 공유하고 타인과 소통하며 효율적으로 협업할 수 있는 능력
CT 요소	추상화	문제의 상황을 파악하여 주어진 문제를 해결하기 위한 작은 단위의 문제로 분해하고, 문제 상황을 패턴을 찾아 핵심요소를 추출하여 문제해결과정을 절차적으로 구성하는 능력
	자동화	문제해결을 위해 추상화된 절차와 규칙을 바탕으로 자동적 문제해결을 위해 프로그래밍 언어로 구현하고 디버깅할 수 있는 능력

지털 리터러시를 크게 디지털 웰빙(Digital wellbeing), 디지털 식별(Digital identity), 디지털 안전(Digital security), 디지털 보호(Digital safety) 등 4개 영역으로 구분하고, 그것을 실현하기 위해 교수학습과 자기 계발, 소통·협력·참여, 기능 숙달, 창의·혁신·연구, 정보·데이터·미디어 리터러시를 포함하였다.

DQ 연구소(2019)는 인간의 능력을 산업혁명 시대와 연계하여 [그림 7]과 같이 IQ, EQ, DQ를 설명하였다. 18세기 1차 산업혁명 시대에는 신체 능력이 중요하였고, 19세기 2차 산업혁명 시대에는 인지 능력(IQ)이 중요했으며, 20세기 3차 산업혁명 시대에는 정서 능력(EQ)이 중요했다. 그러나 21세기 4차 산업혁명 시대에는 디지털 능력(DQ)이 중요하다고 하

[그림 6] 개인 중심의 디지털 리터러시

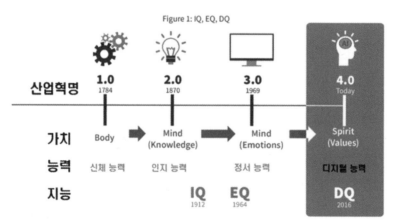

[그림 7] IQ, EQ, DQ의 변화

DQ Institute, 2019

였다.

디지털 지능은 보편적인 도덕적 가치에 기반을 두고 개인이 직면하는 디지털 생활을 영위할 수 있도록 포괄적인 기술, 인지, 메타인지, 사회·정서적 역량을 의미하며, 하위 구성 요소는 [그림 8]과 같다.

디지털 지능은 디지털 식별(Digital Identity), 디지털 활용(Digital Use), 디지털 안전(Digital Safety), 디지털 보안(Digital Security), 디지털 감성(Digital Emotional Intelligence), 디지털 소통(Digital Communication), 디지털 소양(Digital Literacy)디지털 권리(Digital Rights) 등 8대 영역으로 구분하고, 각 영역을 디지털 시민, 디지털 창의, 디지털 역량 등으로 구분하여 총 24가지 역량을 제시하였다(DQ Institute, 2019).

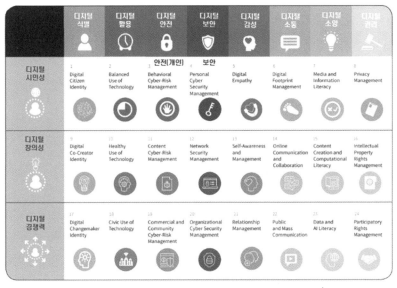

[그림 8] 디지털 지능(DQ)의 구성 요소

DQ Institute, 2019

나. 디지털 리터러시의 확장 개념

디지털 기술이 발달하고, 일상생활 속에서 친숙하게 활용됨에 따라 디지털 리터러시의 개념도 점차 확대되고 있다. 즉 최근에는 디지털 지능을 포함하여 데이터 리터러시, 디지털 미디어 리터러시, 디지털 권리 리터러시, 인공지능 리터러시 등으로 점차 확대되고 있다.

① 디지털 데이터 리터러시

디지털 데이터 리터러시는 데이터를 기획하고, 수집하고, 해석하고, 시각화하여 목적에 맞게 데이터의 가치를 활용하여 다른 사람과 대화할 수 있는 능력을 의미한다. 디지털 데이터를 처리하려면 [그림 9]와 같이 자료 수집하기, 자료 추출하기, 자료 정제하기, 자료 탐색하기, 특성 분석

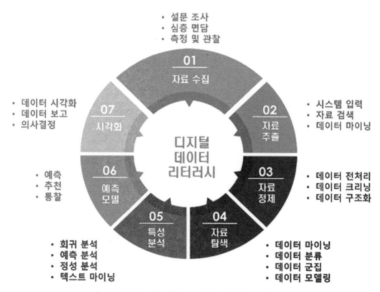

[그림 9] 디지털 데이터 리터러시의 구성 요소

하기, 예측 모델 만들기, 시각화하기 등의 능력을 길러야 한다(Jyosmitha, 2021).

디지털 데이터 리터러시는 데이터를 통찰하여 데이터 이면을 살피는 것이다. 예를 들면, 인구 총조사 통계 자료를 보고 '저출산 고령화'라는 문제를 정의하면서 원하는 가치가 무엇인지를 찾는다. 문제를 정의한 후에는 그 문제를 해결하는 데 필요한 자료를 수집한다. 수집한 데이터를 분석하고, 결과를 해석하고, 시각화하여, 통찰을 통해 데이터 속에 숨은 의미를 찾게 된다. 그리고 데이터를 기반으로 의사 결정을 하고, 그것을 실행했을 때 문제를 제대로 해결하면서 새로운 가치를 창출할 수 있다(구자룡, 2020).

디지털 데이터 리터러시 역량을 갖추기 위해서는 다음과 같은 노력이 필요하다.

첫째, 다양한 종류의 데이터를 다루는 능력을 길러야 한다. 정형화된 데이터 이외에도 비정형화된 데이터를 통합적으로 분석할 수 있는 능력이 필요하다. 복잡한 문제를 하나의 데이터를 해석하거나 해결 방법을 찾기는 어렵다. 서로 연관된 다양한 데이터를 분석하고, 해석하는 접근을 통해 사회 문제를 총체적으로 바라보고 해결할 수 있다.

둘째, 데이터 분석 방법과 시각화의 결과물에 의심을 해야 한다. 비록 연구 윤리를 잘 지켰다고 해도 데이터에는 다양한 오류가 발생할 수 있다. 데이터를 설계하고, 수집하고, 전처리하고, 분석하고, 시각화하고, 결과를 해석하고, 활용하는 일련의 과정에서 수많은 오류가 발생할 수 있다. 따라서 이러한 오류를 최소화하는 방법은 모든 데이터의 제약 사항을 고려하여 해석하는 능력이 필요하다.

셋째, 데이터의 선택 편향(selection bias)이 발생되지 않도록 해야 한다. 대부분의 조사는 표본을 통해 모집단의 특성을 추론한다. 타당한 추론을 이끌려면 표본을 모집단에서 무작위로 추출해야 한다. 그러나 무작위 표본이 아닌 일부 편향된 표본만을 선택하여 결정한다면, 그 결과는 합리적이지 못할 것이다. 이러한 선택 편향은 무작위 표본이 아닌 것을 마치 무작위 표본인 것처럼 생각할 때 발생한다.

넷째, 데이터의 의미를 찾아 분석해야 한다. 데이터는 단순한 숫자가 아니다. 데이터 속의 의미를 파악하려면 통계를 이해하고, 통계 분석 결과를 현실 상황과 연결하여 편견 없이 대조해 봄으로써 의미를 찾아야 한다.

② 디지털 미디어 리터러시

디지털 미디어 리터러시는 디지털 미디어를 사용하기 위해 필요한 지식이나 기술, 능력을 기르는 것을 말한다. 다양한 디지털 미디어에 접근하여 그것을 분석함으로써 새로운 미디어를 만들고, 수정하고, 보완하는 일련의 활동을 의미한다. 디지털 미디어 리터러시를 기르기 위한 절차를 살펴보면 [그림 10]과 같이 접근하기(Access), 분석하기(Analyze), 창작하기(Create), 성찰하기(Reflect), 공유하기(Act) 등과 같다.

첫째, 학생들이 다양한 미디어에 접근하도록 해야 한다. 앞서서 하는 강의가 아니라, 학생들을 읽기, 보기를 통해 다양한 자료와 정보에 접근하여 자신의 디지털 리터러시 능력을 향상시키도록 해야 한다. 강사가 만든 비디오나 오디오를 통해 활동 내용을 안내하고, 책, 기사, 웹사이트, 영화, 비디오 등을 제공하여 학생들이 스스로 탐구하고 있는 문제나 주제

[그림 10] 디지털 미디어 리터러시의 역량

Renee Hobbs, 2020

에 대한 정보를 검색하도록 해야 한다.

둘째, 다양한 미디어 자료를 분석하여 의미를 찾는다. 교사가 제공한 지침을 활용하여 학습 목표를 달성하는 데 필요한 자료를 분석하여 새로운 아이디어와 정보를 찾아낸다. 예를 들면, 모둠 활동을 통해 PDF 문서에 주석을 달거나, 비디오 파일을 캡쳐하여 정리하면서 다양한 의견을 제시하고 해석하고 질문을 한다.

셋째, 디지털 미디어를 학생들이 창작하게 함으로써 자신의 지식과 기술을 표현한다. 학생들은 한 학기 동안 서면 작업 외에도 스크린 캐스팅, 비디오, 애니메이션, 파워포인트, 디지털 게시판 등을 통해 개인 혹은 모둠이 작성한 디지털 미디어를 공유하고 의견을 나눌 수 있다.

넷째, 성찰하기는 미디어 활용 학습에서 가장 중요한 활동이다. 학생들은 선택적인 화상 회의와 성찰 글쓰기를 통해 자신의 미디어 활동을 토론하면서 성찰하게 된다. 실시간 화상 회의 외에도 비실시간 영상 자료, Zoom과 같은 실시간 토론 도구를 활용하여 전체 혹은 소그룹 활동을 지원할 수 있다.

다섯째, 자신이 만든 디지털 미디어를 공유하여 광범위한 청중을 만날 수 있다. 소셜 미디어를 사용하여 관심사를 공유하고 다른 사람과 연결함으로써 현실 세계의 문제를 해결하는 데 활용될 수 있다.

③ 디지털 권리 리터러시

디지털 권리 리터러시는 뉴스에 접근하고, 정보를 분석하고, 그것이 사실인지 거짓인지 판단하고, 새로운 미디어를 창출하면서 자신의 행동을 반성하고, 자신과 타인의 권리를 보호하며, 디지털 문화를 향유하는 능력이다. 디지털 권리의 구성 요소는 [그림 11]과 같이 디지털 접근, 디지털 정책, 디지털 플랫폼, 디지털 안전 등으로 구분할 수 있다(Lena, 2019).

첫째, 디지털 접근은 디지털 미디어와 정보에 접근할 수 있는 기회를 제공하는 것으로서 디지털 격차를 극복하고, 디지털 기기의 접근성을 높이는 것이다. 또한 광 통신망 구축을 통한 인터넷 활용 기회를 제공하고,

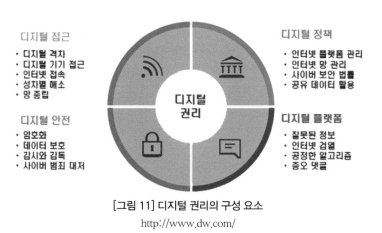

[그림 11] 디지털 권리의 구성 요소

http://www.dw.com/

지역 간, 소득 간, 세대 간, 성별 간 정보 접근 격차, 정보 활용 격차, 정보 역량 격차를 줄이는 것을 의미한다.

둘째, 디지털 안전은 자신의 정보와 타인의 정보를 보호하고, 디지털 미디어와 정보를 안전하게 활용하는 것을 의미한다. 이를 위해 데이터를 암호화하거나 데이터 보호를 위한 시스템을 구축한다. 또한 외부 침입을 감시하고 감독하며 사이버 범죄로부터 자신을 보호할 수 있는 능력을 기른다.

셋째, 디지털 플랫폼은 잘못된 정보를 감시하고, 오류를 수정하며, 인터넷 검열을 통해 악성 패킷이나 정보를 차단하며, 공정한 알고리즘을 통해 데이터 편향이나 정보 편향 등을 방지한다. 또한 증오 댓글이나 잘못된 정보, 악의적인 정보를 필터링함으로써 플랫폼 사용자를 보호하고 플랫폼 자체의 안전성을 확보한다.

넷째, 디지털 정책은 인터넷 플랫폼을 관리하거나 인터넷 망을 관리하고, 사이버 보안 관련 법률을 제정하며, 공유 데이터를 수집하고 그 활용을 촉진시키기 위한 정책을 마련한다. 디지털 미디어와 정보가 건전하게 유통되고, 활성화 될 수 있도록 다양한 지원 정책도 병행한다.

④ 인공지능 리터러시

인공지능 리터러시는 인공지능의 개념과 원리를 이해하고, 그것을 기반으로 일상생활의 문제를 창의적으로 해결할 수 있는 능력을 의미한다. 인공지능은 센서로 세상을 인식하고, 표현하고, 추론하며, 데이터를 통해 학습하고, 인간과 자연스러운 상호작용을 위해 노력하며, 우리 사회에 긍정적 또는 부정적 영향을 미치는데 이러한 특성을 이해하는 것을 의

[그림 12] 인공지능 리터러시의 구성 요소

미한다. 인공지능 시대에 살아갈 우리는 [그림 12]와 같이 창의성, 비판적 사고, 컴퓨팅 사고, 융합 역량, 인성 등 핵심 역량이 필요하며, 이러한 역량은 인공지능 이해교육, 인공지능 활용 교육, 인공지능 개발 교육, 인공지능 윤리 교육을 통해 길러낼 수 있다(이주호 외, 2021).

첫째, 인공지능 이해 교육은 인공지능 원리를 이해하고 그것을 활용하여 일상생활의 문제를 해결함으로써 우리의 삶의 변화를 이끄는 교육이다. 인공지능 원리를 이해한다는 것은 인공지능 자체를 이해하고, 그것이 우리 생활에 미치는 이해하는 것을 의미하며, 나아가 인공지능을 통제할 수 있는 능력을 기르는 것이다.

둘째, 인공지능의 장점을 교육에 접목하여 교육적 효과를 높이는 것을 의미한다. 인공지능을 교육에 활용하면 교사의 일상적이고 반복적인 업무를 대체함으로써 교사는 업무 시간을 줄일 수 있으며, 그 줄어든 그 시간에 인공지능이 분석한 데이터를 중심으로 학생들과 좀 더 친밀한 대화를 나눌 수 있어 오히려 교사와 학생 간의 정서적 교감을 높일 수 있다.

셋째, 인공지능 활용 교육은 엔트리(Entry)나 엠블록(MBlock), ML4K (Machine Learning for Kids)와 같은 교육용 인공지능 플랫폼을 이용하여 이미지 인식, 텍스트 음성 인식, 비디오 인식 기능을 활용하여 간단한 인공지능 모델을 개발하고, 그것을 이용하여 생활 속 문제를 해결하기 위한 응용 프로그램을 개발 수 있다. 즉 훈련용 데이터를 입력하여 인공지능 모델을 만들고, 그것을 시험용 데이터로 평가한 후, 스크래치(Scratch)나 엔트리(Entry)와 같은 교육용 블록 프로그래밍 도구를 이용하여 간단한 인공지능 프로그램으로 만들 수 있다.

넷째, 인공지능 윤리 교육은 과거의 정보 통신 윤리 교육과 달리 사용자 윤리뿐만 아니라 개발자로서의 윤리 교육을 강조하고, 인공지능이 인간의 권리와 존엄성을 보장할 수 있도록 감시하고 통제할 수 있는 능력을 기른다(그림 13). 정부는 2020년 12월에 관계 부처 합동으로 '인공지능

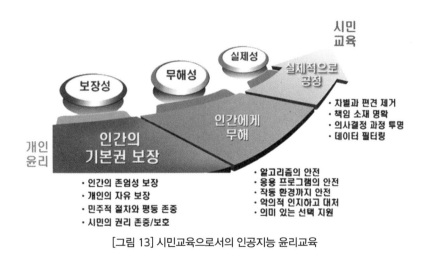

[그림 13] 시민교육으로서의 인공지능 윤리교육

윤리 기준'을 발표하였다. 이 기준에는 인공지능 개발부터 활용에 이르는 전 과정에서 고려되어야 할 3대 기본 원칙을 다음과 같이 인간 존엄성의 원칙, 사회의 공공선 원칙, 기술의 합목적성 원칙을 제시하고 있다(관계부 처 합동, 2020).

- 인간의 존엄성 원칙이다. 인공지능은 인간의 생명은 물론 정신적 및 신체적 건강에 해가 되지 않는 범위에서 개발 및 활용되어야 하고, 인공지능 개발 및 활용은 안전성과 견고성을 갖추어 인간에게 해가 되지 않도록 해야 한다.
- 사회의 공공선 원칙이다. 공동체로서 사회는 가능한 한 많은 사람의 안녕과 행복이라는 가치를 추구하고, 인공지능은 지능정보사회에서 소외되기 쉬운 사회적 약자와 취약 계층의 접근성을 보장하도록 개발 및 활용되어야 한다. 공익 증진을 위한 인공지능 개발 및 활용은 사회적, 국가적, 나아가 글로벌 관점에서 인류의 보편적 복지를 향상시킬 수 있어야 한다.
- 기술의 합목적성 원칙이다. 인공지능 기술은 인류의 삶에 필요한 도구라는 목적과 의도에 부합되게 개발 및 활용되어야 하며 그 과정도 윤리적이어야 한다. 또한, 인류의 삶과 번영을 위한 인공지능 개발 및 활용을 장려하여 진흥해야 한다.

3. 디지털 리터러시 교육의 방향

교육부는 2022 개정 교육과정 총론 주요 사항을 발표하면서 디지털 소양을 〈표 4〉와 같이 3대 기초 소양으로 제시하였다. 디지털 소양은 디지털 지식과 기술에 대한 이해와 윤리의식을 바탕으로, 정보를 수집·분석하고, 비판적으로 이해·평가하여 새로운 정보와 지식을 생산·활용하는 능력으로 정의하였다(교육부, 2021).

모든 교과 교육을 통해 디지털 기초 소양을 함양할 수 있는 기반을 마련하고, 정보 교육과정과 연계하여 AI 등 신기술 분야 기초·심화 학습을 내실화하도록 하였다. 또한 인공지능 원리 학습과 교과수업과의 연계 활동을 위해 정보 교육과정을 재구조화할 수 있도록 학교별 정보 교과목 편제와 교육과정 편성 기준을 마련하겠다고 하였다. 특히 초등학교는 정보 관련 내용을 학생 수요 및 학교 여건에 따라 학교장 개설 과목을 편성 가능하도록 하고, 실과 교과를 포함하여 학교 자율시간 활용을 통한 34시간 이상 시수를 확보할 것을 권장하였다.

〈표 4〉 2022 개정 교육과정에서의 기초 소양

기초소양		개념(안)
언어 소양		언어를 중심으로 다양한 기호, 양식, 매체 등을 활용한 텍스트를 대상, 목적, 맥락에 맞게 이해하고, 생산·공유, 사용하여 문제를 해결하고 공동체 구성원과 소통하고 참여하는 능력
수리 소양		다양한 상황에서 수리적 정보와 표현 및 사고 방법을 이해, 해석, 사용하여 문제해결, 추론, 의사소통하는 능력
디지털 소양		디지털 지식과 기술에 대한 이해와 윤리의식을 바탕으로, 정보를 수집·분석하고 비판적으로 이해·평가하여 새로운 정보와 지식을 생산·활용하는 능력

가. 인공지능 사고 기반의 디지털 리터러시 교육

인공지능 시대에 살아갈 우리 아이들이 갖추어야 할 디지털 리터러시 교육의 방향은 자료를 수집하고, 가공하고, 제작하는 기술적인 능력을 기르는 것 이외에도 그 지식과 기능을 익혀 실생활의 문제를 해결할 수 있는 능력으로 발전해야 한다. 이를 위해서는 컴퓨팅 사고(CT: Computational Thinking)를 넘어 인공지능 사고(AT: Artificial intelligence Thinking)로 발전할 수 있도록 해야 한다(정영식, 2022).

인공지능 사고는 [그림 14]와 같이 데이터에서 의미를 추론할 수 있는

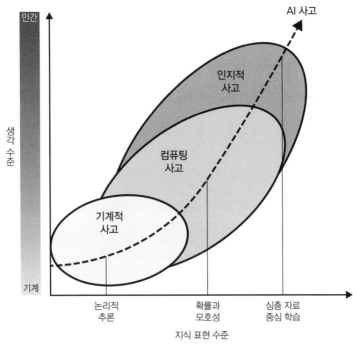

[그림 14] 컴퓨팅 사고를 넘어 인공지능 사고로

Paul et al., 2018

리터러시와 시민성교육

학습 능력이며, 기본적인 컴퓨팅 사고를 뛰어넘는다. 따라서 학습자에게 피드백 기반의 적응적 학습을 바탕으로 한 심층적이고 폭넓은 학습을 제공하려면, 컴퓨팅 사고력을 뛰어넘어 인공지능 사고로 진화해야 한다(Paul et al., 2018).

인공지능 사고는 논리 및 알고리즘 기반 관점을 넘어 문제 해결에서 지식 기반과 사례 기반 활용 방법, 상식에 대한 포착 및 추론, 의미와 맥락의 처리 가능, 비정형 데이터 처리 등이 강조되고, 딥러닝과 인지 컴퓨팅 기술에 숨겨진 기본 원리를 다뤄야 하며, 일반적인 지식을 특수한 상황에서도 쉽게 연결할 수 있는 추론 능력을 포함한다(Daniel, 2013).

인공지능 사고는 〈표 5〉와 같이 인공지능이 센서를 통해 세상을 인지하고 학습하고 적응하듯이, 학생들이 데이터를 통해 문제를 인식하여 자료로 표현하고, 모델을 만들어 훈련과 지속적인 학습으로 실생활 문제에 적응할 수 있는 능력을 기르는 것이다(정영식, 2022).

〈표 5〉 인공지능 사고

영역		요소
인식		문제 이해, 문제 정의, 문제 분해
표현		자료 수집, 자료 표현, 자료 구성
학습	모델 생성 모델 훈련	패턴화, 추론화, 모형화, 절차화 프로그래밍, 디버깅, 최적화
	적응	모델 평가, 모델 적용, 모델 응용

나. 디지털 리터러시 교육을 위한 시수 확보

인공지능 시대에 접어들면서 디지털 리터러시는 미래에 살아갈 학생들이 반드시 갖추어야 할 핵심 역량이 되었다. 특히 사회적 거리두기가 지속됨에 따른 디지털 전환이 가속화되면서 비대면 교육이 더욱 활성화되어 디지털 리터러시를 갖추지 못할 경우, 질 좋은 원격수업을 제대로 받지 못하여 학습 격차는 더욱 심화되고, 이로 인한 사회 문제가 대두될 것으로 예상된다. 더욱이 비대면 교육은 유아교육부터 평생교육에 이르기까지 전 연령대에 걸쳐 진행되므로, 디지털 리터러시를 기르기 위한 교육은 전 국민이 갖추어야 할 기초 소양으로서 초등학교 이전 단계부터 체계적으로 이루어져야 한다. 이를 위한 두 가지 방안을 제시하면 다음과 같다(정영식, 2021).

첫째, 초등학교 교과 활동 시간에 디지털 리터러시 교육을 안정적으로 추진할 수 있도록 초중등교육법 시행령 제43조(교과) 1항을 개정하여 '정보' 교과를 추가한다(표 6).

〈표 6〉 초등 정보교과 신설을 위한 초중등교육법 시행령 개정안

현행	개정안
제43조(교과) ①법 제23조제3항에 따른 학교의 교과는 다음 각 호와 같다. 1. 초등학교 및 공민학교: 국어, 도덕, 사회, 수학, 과학, 실과, 체육, 음악, 미술 및 외국어(영어)와 교육부장관이 필요하다고 인정하는 교과 2. 중학교 및 고등공민학교: 국어, 도덕, 사회, 수학, 과학, 기술·가정, 체육, 음악, 미술 및 외국어와 교육부장관이 필요하다고 인정하는 교과 3. 고등학교: 국어, 도덕, 사회, 수학, 과학, 기술·가정, 체육, 음악, 미술 및 외국어와 교육부장관이 필요하다고 인정하는 교과	제43조(교과) ①법 제23조제3항에 따른 학교의 교과는 다음 각 호와 같다. 1. 초등학교 및 공민학교: 국어, 도덕, 사회, 수학, 과학, 실과, 정보, 체육, 음악, 미술 및 외국어(영어)와 교육부장관이 필요하다고 인정하는 교과 2. 중학교 및 고등공민학교: 국어, 도덕, 사회, 수학, 과학, 기술·가정, 정보, 체육, 음악, 미술 및 외국어와 교육부장관이 필요하다고 인정하는 교과 3. 고등학교: 국어, 도덕, 사회, 수학, 과학, 기술·가정, 정보, 체육, 음악, 미술 및 외국어와 교육부장관이 필요하다고 인정하는 교과

둘째, 디지털 리터러시 교육을 위한 비교과 활동 시간을 확보한다. 초등학교에서 정보 교과를 신설할 경우 학생들의 학습 부담이 증가하여 학부모 동의를 구하기가 쉽지 않을 것이다. 따라서 창의적 체험활동 시간을 활용하는 방안이 필요하다. 2000년에 만들어졌던 '정보통신기술교육 운영 지침'은 주당 재량활동 1시간을 정보통신기술교육을 의무화시켰다. 2022 개정 교육과정에서는 학교장 개설 과목을 편성할 수 있으므로, 창의적 체험활동 시간이나 학교장 개설 과목을 통해 디지털 리터러시 교육을 확대할 수 있다. 이를 활성화시키기 위한 '디지털 리터러시 운영 지침'을 마련하여 교육 목적과 성격, 내용체계, 교수학습 방법과 평가 방법 등을 안내할 수 있다.

다. 제대로 쓰게 하는 디지털 리터러시 교육

코로나19로 시작된 교육 패러다임의 변화는 코로나19가 종식되더라도 비대면 교육에 대한 요구는 더욱 증가할 것이고, 원격수업도 상시적인 지원체제로 전환될 가능성이 높다(교육부, 한국교육학술정보원, 2020). ICT 교육, SW 교육, AI 교육 등 명칭은 달라도 모두 디지털 리터러시를 함양하기 위한 교육이다. 따라서 2022 개정 교육과정에서 초등학교 정보교육을 강화시키려면 정보교육의 기초가 되는 ICT 교육이나 SW 교육을 삭제하는 것이 아니라, 그것을 포함한 정보교육이 추진될 수 있도록 충분한 시수를 마련해야 한다. 코로나 19가 완전히 정복되지 못한 위드 코로나 시대에 여전히 많은 사람들이 디지털 세상 속에서 직장 생활, 학교생활, 사회생활, 문화생활, 경제생활 등을 영위하게 된다. 이러한 디지털 세상에서의 풍요로운 삶을 영위하려면 디지털 리터러시를 필수적으로 갖춰야한다. 교육도 마찬가지이다. 위드 코로나 시대에는 원격 수업과 대면 수업이 상시적으로 운영될 것이며, 원격 수업 상황에서 디지털 리터러시 함양은 교육 격차를 해소할 수 있는 유일한 지름길이 될 것이다. 이러한 디지털 리터러시를 향상시키기 위해서는 스마트폰이나 스마트 기기를 사용하지 못하게 하는 것이 아니라, 제대로 쓰게 하는 교육으로 전환되어야한다. '교육 정보화'로 생긴 역기능을 해소하는 유일한 길은 '정보화 교육'임을 잊지 말아야 할 것이다.

참고문헌

계보경, 김혜숙, 이용상, 손정은, 김상운, 백송이, 2020, COVID-19에 따른 초중등학교 원격교육 경험 및 인식 분석, GM 2020-11, 한국교육학술정보원.

관계부처합동, 2020, 사람이 중심이 되는 인공지능 윤리 기준.

교육부, 2015, 초·중등학교 교육과정 총론, 교육부 고시 제2015-74호 [별책 1].

교육부, 2021, 2022 개정 교육과정 총론 주요 사항.

교육부, 한국교육학술정보원, 2020, 디지털 전환: 원격수업의 상시적 운영 방안, 2020 교육정보화백서.

구자룡, 2020, 초연결시대의 데이터 리터러시와 사회조사 분석, 한국행정연구원, KIPA 조사 포럼 34호.

김수환, 김주훈, 김해영, 이은지, 박일준, 김묘은, 이은환, 계보경, 2017, 디지털 리터러시의 교육과정 적용 방안 연구, KR 2017-4, 한국교육학술정보원.

김유향, 유지연, 김나정, 2019, 초·중등 소프트웨어교육 운영 실태와 개선과제, 입법정책보고서 제34호, 국회 입법 조사처.

김혜숙, 김하성, 김진숙, 신안나, 2017, OECD PISA 자료를 활용한 우리나라 학생들의 ICT 접근 및 활용 수준 추이 분석, 정보화정책 24(4), 17-43.

상경아, 곽영순, 박상욱, 박지현, 이영준, 2016, 국제 컴퓨터·정보 소양 연구: ICILS

2018 평가체제 구축, 한국교육과정평가원, 연구보고 RRE 2016-15-2.

이두휴, 오승용, 송승훈, 김준호, 장시준, 2021, **디지털 전환 대응 포용적 미래교육 거버넌스 구축 방안**, KR 2021-1, 한국교육학술정보원.

이주호, 정제영, 정영식, 2021, **AI 교육 혁명**, 시온북스.

이현숙, 김수환, 이운지, 김한성, 2019, **2019년 국가수준 초·중학생 디지털 리터러시 수준 측정 연구**, KR 2019-6, 한국교육학술정보원.

정영식, 2021, 2022 개정 교육과정에서의 초등 정보교과 신설 방안, **2021년 한국정보교육학회 동계학술대회 학술발표논문집**, 31-44.

정영식, 2022, AI 사고력과 컴퓨팅 사고력의 비교 분석, **정보교육학회학술논문집** 13(1), 179-174.

정진명, 이현숙, 김주환, 이운지, 류기곤, 김경아, 조규복, 구찬동, 2020, **2020년 국가수준 초·중학생 디지털 리터러시 수준 측정 연구**, RR 2020-10, 한국교육학술정보원.

Aghammadzada, E., 2021, *Data Science Project Life Cycle*. Online available: https://www.kaggle.com/getting-started/185203.

Alazie, G., Ebabye, S., 2019, Current stat of the art digital literacy in Ethiopia: article review, *International Research Journal of Multidisciplinary Studies* 5(9), 1-10.

Daniel, Z., 2013, From Computational Thinking to AI Thinking, *IEEE Intelligent Systems*, 28(6), 2-4. https://dl.acm.org/doi/10.1109/MIS.2013.141.

DQ Institute, 2019, *DQ (Digital Intelligence)*. Online available: https://sustainableconsumptionproject.wordpress.com/dq.

Hobbs, R., 2020, *Online Learning & Media Literacy*. Online available: https://mediaedlab.com/2020/03/28/online-learning-media-literacy.

Jyosmitha, M., 2021, *Data Science Project Life Cycle*. https://medium.com/co-learning-lounge/complete-data-science-project-life-cycle-9eae6e4ed4c9.

Lena, N., 2020, *New Paper: Bringing Digital Rights into Media and Information Literacy*, D W Akademie. https://www.dw.com/en/new-paper-bringing-digital-rights-into-media-and-information-literacy/a-55911209.

Nitsche, L., 2019, *The Next Generation of Media and Information Literacy*, DW

Akademie.

Rad, P., Roopaei, M., Beebe, N., Shadaram, M., Au, Y. A., 2018, AI thinking for cloud education platform with personalized learning, *Proceedings of the 51st Hawaii International Conference on System Sciences*, 4-7.

Rubbla, M., Bailey, G., 2007, *Digital Citizenship in Schools*, Eugene, OR: ISTE 21.

UNESCO, 2021, *Education: From Disruption to Recovery*. On-line available: https://en.unesco.org/covid19/educationresponse.

Zeng, D. D., 2013, From computational thinking to AI thinking, intelligent systems, *IEEE* 28(6), 2-4.